Jean Anouilh

# Antigone

Cornelsen-
Velhagen & Klasing

Neu herausgegeben von
Oberstudiendirektor Dr. Reinhold Mueller

Bestellnummer 3094
Gedruckt im Druckhaus Langenscheidt, Berlin
ISBN 3-464-00309-4

Vertrieb für das Bundesgebiet:
Verlagsgesellschaft Cornelsen-Velhagen & Klasing, Bielefeld

Vertrieb für Berlin:
Cornelsen-Velhagen & Klasing, Verlag für Lehrmedien, Berlin (7419)

# Einleitung

Man tut Anouilh unrecht, wenn man seine *Antigone* als eine frivole Parodie auf die klassische Fassung desselben Stoffes durch Sophokles bezeichnet. Mit diesem vorschnellen Urteil wird jedoch häufig der Theaterbesucher um die Mitte des 20. Jahrhunderts sich das Unbehagen vom Leibe halten, welches ihn bei der schonungslosen Demaskierung des Menschen unserer Tage mit Sicherheit überfällt, je mehr er – wider Willen – die Richtigkeit dieser Darstellung zugeben muß.

Damit stehen wir mitten im Problem Sophokles – Anouilh.

Methodisch eine Vorbemerkung: Lesen Sie Anouilh nur, wenn Sie vorher Sophokles gelesen haben. Wenn Deutsch- und Französisch-Unterricht in einer Hand liegen, dann ist die vorherige Behandlung der klassischen griechischen Tragödie geboten. Doch auch sonst eröffnet sich ein fruchtbringendes Feld kollegialer Zusammenarbeit, der sich im humanistischen Gymnasium der Gräzist mit Erfolg anschließt.

Es ist ein weiter Bogen, der vom Jahre 441 vor Christi Geburt, dem Jahre der ersten Aufführung der alten Labdakidentragödie, bis ins Jahr 1944 gespannt ist, in welchem in Paris die surrealistische Darstellung im *Théâtre de l'Atelier* eine recht geteilte Aufnahme bei ihrer Uraufführung erlebte. An der Spannweite dieses Bogens kann man die Veränderung ermessen, die in der Gottbezogenheit des Menschen innerhalb dieser zwei Jahrtausende eintrat. „Nie frevle an der Götter Gesetz!" So singt der antike Chor im Schlußgesang, nachdem er sich vorher resigniert unter dieses Gesetz selbst gestellt hat: „Es gibt doch für

Sterbliche niemals Erlösung aus der vorbestimmten Not!" Und der Mensch des 20. Jahrhunderts? Er hat die Wahl: entweder wie Kreon in zermalmendem Pflichtbewußtsein „die Ärmel aufzukrempeln und das schale Geschäft der Regierung als Handwerk wie andere Handwerke zu betreiben", oder wie die Wächter in Dumpfheit und Kadavergehorsam sich nach der Hinrichtung an das unterbrochene Kartenspiel zu setzen und die menschlich-allzumenschlichen Trümpfe auf den Tisch zu knallen – oder aber wie Antigone zu sagen: *Je ne sais plus pourquoi je meurs. J'ai peur*, oder wie Hämon dahinzugehen: *Crois-tu que je l'accepterai, votre vie? Et votre agitation, votre bavardage, votre vide.*

Das äußere Geschehen schließt sich eng an den von Sophokles meisterhaft gegebenen Rahmen an; die Vorfabel ist die gleiche: Eteokles und Polyneikes, Kreons Herrschergebot, Antigones Ungehorsam („Nicht so mächtig acht' ich, was du befiehlst, daß dir der Götter ungeschriebenes, ewiges Gesetz sich beugen müßte, dir, dem Sterblichen" – so bei Sophokles, und bei Anouilh: *Je le devais. Si j'avais été une servante en train de faire sa vaisselle, quand j'ai entendu lire l'édit, j'aurais essuyé l'eau grasse de mes bras et je serais sortie avec mon tablier pour aller enterrer mon frère*). Der Tod von Antigone, Hämon, Eurydike, aber auch Kreon, der zum Leben verurteilt ist – all das sind Parallelen, die Anouilh gewissenhaft von der Antike übernimmt.

Aber – welch ein Unterschied in der Motivierung!

Bei Sophokles steht Kreon, ebenso wie Antigone, unter dem Gesetz der ewigen Götter; damit wird die gesamte Tragödie eine ehrfurchtsvolle Anbetung der Gottheit, ein Hymnus auf deren Allmacht: „Wie mag einer in frevlem Stolze, Zeus, deine Gewalt zwingen!", und die Verherrlichung des Menschen in jenem berühmten Chorlied: „Vieles Gewaltige lebt, doch nichts ist gewaltiger als der Mensch" erfährt ihre wahrhaft tragische Widerlegung.

Anders in dem Werk von Anouilh: Hier erscheint der Mensch als der Sklave der (von ihm selbst geschaffenen) Alltagssorge. Der König ist der Sklave seiner Pflicht (*Les rois ont autre chose à faire que du pathétique personnel*), und der Leibwächter ist der Sklave seines (freiwillig übernommenen) Gehorsams (*Elle a bon dos, la garde*); man muß eben einfach ja sagen zum Leben, sonst verschlingt das Leben den Menschen. Und diese Art ja zu sagen bedeutet den Verzicht auf den sittlichen Wert: Wenn das Staatsschiff in Sturmgefahr ist, dann kann man sich nicht lange überlegen, ob das, was getan werden muß, sittlich gut ist oder nicht: *On gueule un ordre et on tire dans le tas, sur le premier qui s'avance. Dans le tas! Cela n'a pas de nom. C'était peut-être celui qui t'avait donné du feu en souriant la veille. Il n'a plus de nom.*

Und gegen diese Masse, gegen diese Vernichtung der sittlichen Persönlichkeitswerte bäumt sich die Jugend auf. Antigone schreit es dem König ins Gesicht: „Ich will nicht ja sagen zu allem, ich habe mir die Freiheit bewahrt, nein zu sagen zu dem, was dem Sittengebot widerspricht." Sie liebt, und sie haßt. Wen liebt sie? Ihren toten Bruder, obwohl ihr Kreon die unbarmherzige Nacktheit der sittlichen Verworfenheit schonungslos enthüllt; ihren Verlobten Hämon, obwohl sie weiß, daß sie nie seine Frau werden wird; ihre besorgte Kinderfrau, die „liebe Alte mit den rosigen Apfelbäckchen", deren Fürsorge sie freilich trotz der kindlichen Koseform *nounou* entwachsen ist; ja sogar ihre Hündin Douce, mit der man reden kann wie mit einem Menschen. Das sind lauter lebende Wesen. Und was haßt sie? Den zerstörenden Materialismus der *cuisine*, der Welt voller Routine und voller Räson, den widerlichen Terror der Konvention, die Unpersönlichkeit der Staatsmaschinerie, die eben diesen geliebten Menschen zermalmt – lauter anonyme, aber um so furchtbarere Institutionen.

Und wenn auch kein versöhnliches *happy end* diesen Verzweiflungskampf des in das Getriebe geratenen jungen Menschen beendet, wenn auch Hämon und Antigone äußerlich unterliegen – so sind doch gerade sie die wahren Sieger; denn die warme Teilnahme der Jugend gehört ihnen, die Teilnahme aller derer, die das liebende Herz höher stellen als die Konvention und die Staatsräson, die den Menschen höher werten als die von ihm geschaffenen Institutionen.

Ist Anouilhs *Antigone* eine Verherrlichung des Atheismus? Man hat diesen Vorwurf erhoben; wie ich meine, zu Unrecht. Sie ist vielmehr eine Anklage; eine Anklage gegen jede Form totalitärer Staatsauffassung, die unter dem Schlagwort „Du bist nichts, dein Volk ist alles" die Persönlichkeitswerte vernichtet. Und sie ist, in ihrer Unerbittlichkeit, in ihrer bis an die Grenzen der übersteigerten Wirklichkeit (*surréalisme!*) getriebenen Folgerichtigkeit eine unüberhörbare Predigt über das Pauluswort Gal. 6, 7–8: „Irret euch nicht, Gott läßt sich nicht spotten. Denn was der Mensch säet, das wird er ernten. Wer auf das Fleisch säet, der wird von dem Fleisch das Verderben ernten."

Einige biographische Notizen, die einer Studie von Hubert Gignoux entnommen sind (*Jean Anouilh, Éditions du Temps Présent*) und auf eine Selbstdarstellung des Schriftstellers zurückgehen:

*Je n'ai pas de biographie, et j'en suis très content. Je suis né le 23 juin 1910 à Bordeaux, je suis venu jeune à Paris, j'ai été à l'École Primaire Supérieure Colbert, au Collège Chaptal. Un an et demi à la Faculté de Droit de Paris, deux ans dans une maison de publicité où j'ai pris des leçons de précision et d'ingéniosité qui m'ont tenu lieu d'études poétiques. Après «L'Hermine» j'ai décidé de ne vivre que du théâtre, et un peu du cinéma. C'était une folie que j'ai tout de même bien fait de décider. J'ai réussi à ne jamais faire de jour-*

*nalisme, et je n'ai sur la conscience, au cinéma, qu'un ou deux vaudevilles et quelques mélos oubliés et non signés. Le reste de ma vie, et tant que le Ciel voudra que ce soit encore mon affaire personnelle, j'en réserve les détails.*

Die hier erwähnte Aufführung von *L'Hermine* fand am 26. April 1932 im *Théâtre de l'Œuvre* in Paris statt. Das Jahr 1932 sah noch andere interessante Neuerscheinungen der Bühne, so daß man von einer neuen *Bataille d'Hernani* gesprochen hat, wie sie ein Jahrhundert früher dem *romantisme* zum Siege verhalf. Dieses Mal war es der Durchbruch des *surréalisme*.

Er hatte freilich schon mehrere Wandlungen hinter sich. GUILLAUME APOLLINAIRE hatte 1917 die brutale Neuschöpfung des Kubismus gewagt, aber die Surrealisten trennten sich, unter Führung von ANDRÉ BRETON, bald von den Kubisten, und Namen wie PAUL ELUARD, LOUIS ARAGON u. a. gesellten sich zu ihnen, die heute noch einen guten Klang haben. Nach einer kurzen Wegstrecke der Gemeinsamkeit mit der in Zürich entstandenen Gruppe der Dadaisten gingen sie wieder eigene Wege. LUC BÉRIMONT schreibt 1948 in einem Aufsatz „Über den Surrealismus" (Asmus-Verlag, Konstanz): „Der Surrealismus ist keine Dichtungsgattung – er ist ein Aufschrei des Geistes, der sich zu sich selbst zurückwendet und fest entschlossen ist, mit aller Macht seine Ketten zu sprengen." Durch Humor, ja durch Ironie gibt er dem Menschen die Möglichkeit, sich über die Mächte zu erheben, die ihn bekämpfen, bedrücken oder sich sonst seiner geistigen Herrschaft entziehen.

Bei Anouilh finden wir darüber hinaus noch etwas Wichtiges: ein Suchen nach Vertiefung gegenüber all den Rätseln, die das Leben des 20. Jahrhunderts einer Generation aufgab, welche zwei vernichtende Kriege und in der Zeit vor- und nachher keine rechte Friedenszeit erleben mußte. So ist Antigone eine Suchende. So ist Monsieur Henri in der Komödie *Orphée et*

*Eurydice* mehr als bloß der „Freund Hein" der deutschen Bühnenbearbeitung, und so ist und bleibt Gaston im *Voyageur sans Bagages* neben der völligen Ablehnung seiner Vergangenheit, die sich zu schonungsloser Gesellschaftssatire ausweitet, ein Suchender.

Sprachlich ist gerade die *Antigone* für den modernen Unterricht außerordentlich geeignet. Hier ist lebendiges Gegenwartsfranzösisch in sprühender Diktion, nicht akademisch, aber blutwarmes Leben, mit einer Reihe von Ausdrücken, die der Deutsche sich wohl merken muß, um den Franzosen zu verstehen, die jedoch selbst anzuwenden er sich besser hütet (in den *Annotations* mit *pop.* = *populär* oder *fam.* = *familiär* gekennzeichnet).

Dr. Reinhold Mueller

Jean Anouilh · Antigone

# Personnages

1 ANTIGONE
2 CRÉON
3 HÉMON
4 ISMÈNE
5 EURYDICE
6 LA NOURRICE
7) LE PAGE DE CRÉON
8 LES GARDES
9 LE MESSAGER
10 LE CHŒUR

1) Tochter u. Schwester des Ödipus
2) Bruder Jokastes
3) Sohn des Créon
4) Schwester Antigones
5) Frau des Créon (Stumme Rolle)
6) Amme von Antigone
7) Zuhörer bei den Monologen von Créon
8) Soldaten (eher Polizisten)
9) Bote
10) Er hat dieselbe Funktion wie der Prolog.

*Un décor neutre. Trois portes semblables. Au lever du rideau, tous les personnages sont en scène. Ils bavardent, tricotent, jouent aux cartes. Le Prologue se détache et s'avance.*

LE PROLOGUE. Voilà. Ces personnages vont vous jouer l'histoire d'Antigone. Antigone, c'est la petite maigre qui est assise là-bas, et qui ne dit rien. Elle regarde droit devant elle. Elle pense. Elle pense qu'elle va être Antigone tout à l'heure, qu'elle va surgir soudain de la maigre jeune fille noiraude et renfermée que personne ne prenait au sérieux dans la famille et se dresser seule en face du monde, seule en face de Créon, son oncle, qui est le roi. Elle pense qu'elle va mourir, qu'elle est jeune et qu'elle aussi, elle aurait bien aimé vivre. Mais il n'y a rien à faire. Elle s'appelle Antigone et il va falloir qu'elle joue son rôle jusqu'au bout ... Et, depuis que ce rideau s'est levé, elle sent qu'elle s'éloigne à une vitesse vertigineuse de sa sœur Ismène, qui bavarde et rit avec un jeune homme, de nous tous, qui sommes là bien tranquilles à la regarder, de nous qui n'avons pas à mourir ce soir.

Le jeune homme avec qui parle la blonde, la belle, l'heureuse Ismène, c'est Hémon, le fils de Créon. Il est le fiancé d'Antigone. Tout le portait vers Ismène: son goût de la danse et des jeux, son goût du bonheur et de la réussite, sa sensualité aussi, car Ismène est bien plus belle qu'Antigone, et puis un soir, un soir de bal où il n'avait dansé qu'avec Ismène, un soir où Ismène avait été éblouissante dans sa nouvelle robe, il a été trouver Antigone qui rêvait dans un coin, comme en ce moment, ses bras entourant ses genoux, et il lui a demandé d'être sa femme. Personne n'a jamais compris pourquoi. Antigone a levé sans étonnement ses yeux graves sur lui et elle lui a dit «oui» avec un petit sourire triste ... L'orchestre attaquait une nouvelle danse; Ismène riait aux éclats, là-bas, au milieu des autres garçons, et voilà, maintenant, lui, il allait être le mari d'Antigone. Il ne savait pas qu'il ne devait jamais exister de mari d'Antigone sur cette terre, et que ce titre princier lui donnait seulement le droit de mourir.

Cet homme robuste, aux cheveux blancs, qui médite là, près de son page, c'est Créon. C'est le roi. Il a des rides, il est fatigué. Il joue au jeu difficile de conduire les hommes. Avant, du temps d'Œdipe, quand il n'était que le premier personnage de la cour, il aimait la musique, les belles reliures, les longues flâneries chez les petits antiquaires de Thèbes. Mais Œdipe et ses fils sont morts. Il a laissé ses livres, ses objets, il a retroussé ses manches et il a pris leur place.

Quelquefois, le soir, il est fatigué, et il se demande s'il n'est pas vain de conduire les hommes. Si cela n'est pas un office sordide qu'on doit laisser à d'autres, plus frustes ... Et puis, au matin, des problèmes précis se posent, qu'il faut résoudre, et il se lève, tranquille, comme un ouvrier au seuil de sa journée.

La vieille dame qui tricote, à côté de la nourrice qui a élevé les deux petites, c'est Eurydice, la femme de Créon. Elle tricotera pendant toute la tragédie jusqu'à ce que son tour vienne de se lever et de mourir. Elle

est bonne, digne, aimante. Elle ne lui est d'aucun secours. Créon est seul. Seul avec son petit page qui est trop petit et qui ne peut rien non plus pour lui.
Ce garçon pâle, là-bas, au fond, qui rêve, adossé au mur, solitaire, c'est le Messager. C'est lui qui viendra annoncer la mort d'Hémon tout à l'heure. C'est pour cela qu'il n'a pas envie de bavarder ni de se mêler aux autres. Il sait déjà ...
Enfin les trois hommes rougeauds qui jouent aux cartes, leur chapeau sur la nuque, ce sont les gardes. Ce ne sont pas de mauvais bougres, ils ont des femmes, des enfants, et des petits ennuis comme tout le monde, mais ils vous empoigneront les accusés le plus tranquillement du monde tout à l'heure. Ils sentent l'ail, le cuir et le vin rouge et ils sont dépourvus de toute imagination. Ce sont les auxiliaires toujours innocents et toujours satisfaits d'eux-mêmes, de la justice. Pour le moment, jusqu'à ce qu'un nouveau chef de Thèbes dûment mandaté leur ordonne de l'arrêter à son tour, ce sont les auxiliaires de la justice de Créon.
Et maintenant que vous les connaissez tous, ils vont pouvoir vous jouer leur histoire. Elle commence au moment où les deux fils d'Œdipe, Étéocle et Polynice, qui devaient régner sur Thèbes un an chacun à tour de rôle, se sont battus et entre-tués sous les murs de la ville, Étéocle l'aîné, au terme de la première année de pouvoir, ayant refusé de céder la place à son frère. Sept grands princes étrangers que Polynice avait gagnés à sa cause ont été défaits devant les sept portes de Thèbes. Maintenant la ville est sauvée, les deux frères ennemis sont morts et Créon, le roi, a ordonné qu'à Étéocle, le bon frère, il serait fait d'imposantes funé-

railles, mais que Polynice, le vaurien, le révolté, le voyou, serait laissé sans pleurs et sans sépulture, la proie des corbeaux et des chacals. Quiconque osera lui rendre les devoirs funèbres sera impitoyablement puni de mort.

*Pendant que le Prologue parlait, les personnages sont sortis un à un. Le Prologue disparaît aussi.*
*L'éclairage s'est modifié sur la scène. C'est maintenant une aube grise et livide dans une maison qui dort.*
*Antigone entrouvre la porte et rentre de l'extérieur sur la pointe de ses pieds nus, ses souliers à la main. Elle reste un instant immobile à écouter.*
*La nourrice surgit.*

LA NOURRICE. D'où viens-tu ?

ANTIGONE. De me promener, nourrice. C'était beau. Tout était gris. Maintenant, tu ne peux pas savoir, tout est déjà rose, jaune, vert. C'est devenu une carte postale. Il faut te lever plus tôt, nourrice, si tu veux voir un monde sans couleurs.
*Elle va passer.*

LA NOURRICE. Je me lève quand il fait encore noir, je vais à ta chambre pour voir si tu ne t'es pas découverte en dormant et je ne te trouve plus dans ton lit!

ANTIGONE. Le jardin dormait encore. Je l'ai surpris, nourrice. Je l'ai vu sans qu'il s'en doute. C'est beau un jardin qui ne pense pas encore aux hommes.

LA NOURRICE. Tu es sortie. J'ai été à la porte du fond, tu l'avais laissée entrebâillée.

ANTIGONE. Dans les champs c'était tout mouillé et cela attendait. Tout attendait. Je faisais un bruit énorme toute seule sur la route et j'étais gênée parce que je savais bien que ce n'était pas moi qu'on attendait. Alors, j'ai enlevé mes sandales et je me suis glissée dans la campagne sans qu'elle s'en aperçoive . . .

LA NOURRICE. Il va falloir te laver les pieds avant de te remettre au lit.

ANTIGONE. Je ne me recoucherai pas ce matin.

LA NOURRICE. A quatre heures! Il n'était pas quatre heures! Je me lève pour voir si elle n'était pas découverte. Je trouve son lit froid et personne dedans.

ANTIGONE. Tu crois que si on se levait comme cela tous les matins, ce serait, tous les matins, aussi beau, nourrice, d'être la première fille dehors?

LA NOURRICE. La nuit! C'était la nuit! Et tu veux me faire croire que tu as été te promener, menteuse! D'où viens-tu?

ANTIGONE, *a un étrange sourire*. C'est vrai, c'était encore la nuit. Et il n'y avait que moi dans toute la campagne à penser que c'était déjà le matin. C'est merveilleux, nourrice. J'ai cru au jour la première aujourd'hui.

LA NOURRICE. Fais la folle! Fais la folle! Je la connais, la chanson. J'ai été fille avant toi. Et pas commode non plus, mais dure tête comme toi, non. D'où viens-tu, mauvaise?

ANTIGONE, *soudain grave*. Non. Pas mauvaise.

LA NOURRICE. Tu avais un rendez-vous, hein? Dis non, peut-être.

ANTIGONE, *doucement*. Oui. J'avais un rendez-vous.

LA NOURRICE. Tu as un amoureux?

ANTIGONE, *étrangement*, *après un silence*. Oui, nourrice, oui, le pauvre. J'ai un amoureux.

La Nourrice, *éclate.* Ah! c'est du joli! c'est du propre! Toi, la fille d'un roi! Donnez-vous du mal; donnez-vous du mal pour les élever! Elles sont toutes les mêmes. Tu n'étais pourtant pas comme les autres, toi, à t'attifer toujours devant la glace, à te mettre du rouge aux lèvres, à chercher à ce qu'on te remarque. Combien de fois je me suis dit: «Mon Dieu, cette petite, elle n'est pas assez coquette! Toujours avec la même robe et mal peignée. Les garçons ne verront qu'Ismène avec ses bouclettes et ses rubans et ils me la laisseront sur les bras.» Hé bien, tu sais, tu étais comme ta sœur, et pire encore, hypocrite! Qui est-ce? Un voyou, hein, peut-être? Un garçon que tu ne peux pas dire à ta famille: «Voilà, c'est lui que j'aime, je veux l'épouser.» C'est ça, hein, c'est ça? Réponds donc, fanfaronne!

Antigone, *a encore un sourire imperceptible.* Oui, nourrice.

La Nourrice. Et elle dit oui! Miséricorde! Je l'ai eue toute gamine; j'ai promis à sa pauvre mère que j'en ferais une honnête fille, et voilà! Mais cela ne va pas se passer comme ça, ma petite. Je ne suis que ta nourrice et tu me traites comme une vieille bête, bon! mais ton oncle, ton oncle Créon saura. Je te le promets!

Antigone, *soudain un peu lasse.* Oui, nourrice, mon oncle Créon saura. Laisse-moi maintenant.

La Nourrice. Et tu verras ce qu'il dira quand il apprendra que tu te lèves la nuit. Et Hémon? Et ton fiancé? Car elle est fiancée! Elle est fiancée, et à quatre heures du matin elle quitte son lit pour aller courir avec un autre. Et ça vous répond qu'on la laisse, ça voudrait qu'on ne dise rien. Tu sais ce que je devrais faire? Te battre comme lorsque tu étais petite.

ANTIGONE. Nounou, tu ne devrais pas trop crier. Tu ne devrais pas être trop méchante ce matin.

LA NOURRICE. Pas crier! Je ne dois pas crier par-dessus le marché! Moi qui avais promis à ta mère. Qu'est-ce qu'elle me dirait si elle était là? «Vieille bête, oui, vieille bête, qui n'as pas su me la garder pure, ma petite. Toujours à crier, à faire le chien de garde, à leur tourner autour avec des lainages pour qu'elles ne prennent pas froid ou des laits de poule pour les rendre fortes; mais à quatre heures du matin tu dors, vieille bête, tu dors, toi qui ne peux pas fermer l'œil, et tu les laisses filer, marmotte, et quand tu arrives, le lit est froid!» Voilà ce qu'elle me dira, ta mère, là-haut, quand j'y monterai, et moi j'aurai honte, honte à en mourir si je n'étais pas déjà morte, et je ne pourrai que baisser la tête et répondre: «Madame Jocaste, c'est vrai.»

ANTIGONE. Non, nourrice. Ne pleure plus. Tu pourras regarder maman bien en face, quand tu iras la retrouver. Et elle te dira: «Bonjour, nounou, merci pour la petite Antigone. Tu as bien pris soin d'elle.» Elle sait pourquoi je suis sortie ce matin.

LA NOURRICE. Tu n'as pas d'amoureux?

ANTIGONE. Non, nounou.

LA NOURRICE. Tu te moques de moi, alors? Tu vois, je suis trop vieille. Tu étais ma préférée, malgré ton sale caractère. Ta sœur était plus douce, mais je croyais que c'était toi qui m'aimais. Si tu m'aimais, tu m'aurais dit la vérité. Pourquoi ton lit était-il froid quand je suis venue te border?

ANTIGONE. Ne pleure plus, s'il te plaît, nounou. (*Elle l'embrasse.*) Allons, ma vieille bonne pomme rouge. Tu sais quand je te frottais pour que tu brilles? Ma vieille pomme toute ridée. Ne laisse pas couler tes larmes dans toutes les petites rigoles, pour des bêtises comme cela — pour rien. Je suis pure, je n'ai pas d'autre amoureux qu'Hémon, mon fiancé, je te le jure. Je peux même te jurer, si tu veux, que je n'aurai jamais d'autre amoureux ... Garde tes larmes, garde tes larmes; tu en auras peut-être besoin encore, nounou. Quand tu pleures comme cela, je redeviens petite ... Et il ne faut pas que je sois petite ce matin.

*Entre Ismène.*

ISMÈNE. Tu es déjà levée? Je viens de ta chambre.

ANTIGONE. Oui, je suis déjà levée.

LA NOURRICE. Toutes les deux alors! ... Toutes les deux vous allez devenir folles et vous lever avant les servantes? Vous croyez que c'est bon d'être debout le matin à jeun, que c'est convenable pour des princesses? Vous n'êtes seulement pas couvertes. Vous allez voir que vous allez encore me prendre mal.

ANTIGONE. Laisse-nous, nourrice. Il ne fait pas froid, je t'assure; c'est déjà l'été. Va nous faire du café. (*Elle s'est assise, soudain fatiguée.*) Je voudrais bien un peu de café, s'il te plaît, nounou. Cela me ferait du bien.

LA NOURRICE. Ma colombe! La tête lui tourne d'être sans rien et je suis là comme une idiote au lieu de lui donner quelque chose de chaud.

*Elle sort vite.*

ISMÈNE. Tu es malade?

ANTIGONE. Cela n'est rien. Un peu de fatigue. (*Elle sourit.*) C'est parce que je me suis levée tôt.

ISMÈNE. Moi non plus je n'ai pas dormi.

ANTIGONE, *sourit encore*. Il faut que tu dormes. Tu serais moins belle demain.

ISMÈNE. Ne te moque pas.

ANTIGONE. Je ne me moque pas. Cela me rassure ce matin, que tu sois belle. Quand j'étais petite, j'étais si malheureuse, tu te souviens? Je te barbouillais de terre, je te mettais des vers dans le cou. Une fois je t'ai attachée à un arbre et je t'ai coupé tes cheveux, tes beaux cheveux ... (*Elle caresse les cheveux d'Ismène*.) Comme cela doit être facile de ne pas penser de bêtises avec toutes ces belles mèches lisses et bien ordonnées autour de la tête!

ISMÈNE, *soudain*. Pourquoi parles-tu d'autre chose?

ANTIGONE, *doucement, sans cesser de lui caresser les cheveux*. Je ne parle pas d'autre chose ...

ISMÈNE. Tu sais, j'ai bien pensé, Antigone.

ANTIGONE. Oui.

ISMÈNE. J'ai bien pensé toute la nuit. Tu es folle.

ANTIGONE. Oui.

ISMÈNE. Nous ne pouvons pas.

ANTIGONE, *après un silence, de sa petite voix*. Pourquoi?

ISMÈNE. Il nous ferait mourir.

ANTIGONE. Bien sûr. A chacun son rôle. Lui, il doit nous faire mourir, et nous, nous devons aller enterrer notre frère. C'est comme cela que ç'a été distribué. Qu'est-ce que tu veux que nous y fassions?

ISMÈNE. Je ne veux pas mourir.

ANTIGONE, *doucement*. Moi aussi j'aurais bien voulu ne pas mourir.

ISMÈNE. Écoute, j'ai bien réfléchi toute la nuit. Je suis l'aînée. Je réfléchis plus que toi. Toi, c'est ce qui te

le fait est déjà accompli

Ismène est conformiste

passe par la tête tout de suite, et tant pis si c'est une bêtise. Moi, je suis plus pondérée. Je réfléchis.

ANTIGONE. Il y a des fois où il ne faut pas trop réfléchir.

ISMÈNE. Si, Antigone. D'abord c'est horrible, bien sûr, et j'ai pitié moi aussi de mon frère, mais je comprends un peu notre oncle.

ANTIGONE. Moi je ne veux pas comprendre un peu.

ISMÈNE. Il est le roi, il faut qu'il donne l'exemple.

ANTIGONE. Moi, je ne suis pas le roi. Il ne faut pas que je donne l'exemple, moi ... Ce qui lui passe par la tête, la petite Antigone, la sale bête, l'entêtée, la mauvaise, et puis on la met dans un coin ou dans un trou. Et c'est bien fait pour elle. Elle n'avait qu'à ne pas désobéir!

ISMÈNE. Allez! Allez! ... Tes sourcils joints, ton regard droit devant toi et te voilà lancée sans écouter personne. Écoute-moi. J'ai raison plus souvent que toi.

ANTIGONE. Je ne veux pas avoir raison.

ISMÈNE. Essaie de comprendre au moins!

ANTIGONE. Comprendre ... Vous n'avez que ce mot-là dans la bouche, tous, depuis que je suis toute petite. Il fallait comprendre qu'on ne peut pas toucher à l'eau, à la belle eau fuyante et froide parce que cela mouille les dalles, à la terre parce que cela tache les robes. Il fallait comprendre qu'on ne doit pas manger tout à la fois, donner tout ce qu'on a dans ses poches au mendiant qu'on rencontre, courir, courir dans le vent jusqu'à ce qu'on tombe par terre et boire quand on a chaud et se baigner quand il est trop tôt ou trop tard, mais pas juste quand on en a envie! Comprendre. Toujours comprendre. Moi, je ne veux pas comprendre. Je comprendrai quand je serai vieille. (*Elle achève doucement.*) Si je deviens vieille. Pas maintenant.

ISMÈNE. Il est plus fort que nous, Antigone. Il est le roi. Et ils pensent tous comme lui dans la ville. Ils sont des milliers et des milliers autour de nous, grouillant dans toutes les rues de Thèbes.

ANTIGONE. Je ne t'écoute pas.

ISMÈNE. Ils nous hueront. Ils nous prendront avec leurs mille bras, leurs mille visages et leur unique regard. Ils nous cracheront à la figure. Et il faudra avancer dans leur haine sur la charrette avec leur odeur et leurs rires jusqu'au supplice. Et là il y aura les gardes avec leurs têtes d'imbéciles, congestionnées sur leurs cols raides, leurs grosses mains lavées, leur regard de bœuf — qu'on sent qu'on pourra toujours crier, essayer de leur faire comprendre, qu'ils vont comme des nègres et qu'ils feront tout ce qu'on leur a dit scrupuleusement, sans savoir si c'est bien ou mal ... Et souffrir? Il faudra souffrir, sentir que la douleur monte, qu'elle est arrivée au point où l'on ne peut plus la supporter; qu'il faudrait qu'elle s'arrête, mais qu'elle continue pourtant et monte encore, comme une voix aiguë ... Oh! je ne peux pas, je ne peux pas ...

ANTIGONE. Comme tu as bien tout pensé!

ISMÈNE. Toute la nuit. Pas toi?

ANTIGONE. Si, bien sûr.

ISMÈNE. Moi, tu sais, je ne suis pas très courageuse.

ANTIGONE, *doucement.* Moi non plus. Mais qu'est-ce que cela fait?

*Il y a un silence, Ismène demande soudain:*

ISMÈNE. Tu n'as donc pas envie de vivre, toi?

ANTIGONE, *murmure.* Pas envie de vivre ... (*Et plus doucement encore si c'est possible.*) Qui se levait la première, le matin, rien que pour sentir l'air froid sur sa peau nue? Qui se couchait la dernière seulement quand elle n'en pouvait plus de fatigue, pour vivre encore un peu de la nuit? Qui pleurait déjà toute petite, en pensant qu'il y avait tant de petites bêtes, tant de brins d'herbe dans le pré et qu'on ne pouvait pas tous les prendre?

ISMÈNE, *a un élan soudain vers elle.* Ma petite sœur ...

ANTIGONE, *se redresse et crie.* Ah, non! Laisse-moi! Ne me caresse pas! Ne nous mettons pas à pleurnicher ensemble, maintenant. Tu as bien réfléchi, tu dis? Tu penses que toute la ville hurlante contre toi, tu penses que la douleur et la peur de mourir c'est assez?

ISMÈNE, *baisse la tête.* Oui.

ANTIGONE. Sers-toi de ces prétextes.

ISMÈNE, *se jette contre elle.* Antigone! Je t'en supplie! C'est bon pour les hommes de croire aux idées et de mourir pour elles. Toi, tu es une fille.

ANTIGONE, *les dents serrées.* Une fille, oui. J'ai assez pleuré d'être une fille!

ISMÈNE. Ton bonheur est là devant toi et tu n'as qu'à le prendre. Tu es fiancée, tu es jeune, tu es belle ...

ANTIGONE, *sourdement.* Non, je ne suis pas belle.

ISMÈNE. Pas belle comme nous, mais autrement. Tu sais bien que c'est sur toi que se retournent les petits voyous dans la rue; que c'est toi que les petites filles regardent passer, soudain muettes sans pouvoir te quitter des yeux jusqu'à ce que tu aies tourné le coin.

ANTIGONE, *a un petit sourire imperceptible.* Des voyous, des petites filles ...

ISMÈNE, *après un temps.* Et Hémon, Antigone ?

ANTIGONE, *fermée.* Je parlerai tout à l'heure à Hémon: Hémon sera tout à l'heure une affaire réglée.

ISMÈNE. Tu es folle.

ANTIGONE, *sourit.* Tu m'as toujours dit que j'étais folle, pour tout, depuis toujours. Va te recoucher, Ismène... Il fait jour maintenant, tu vois, et, de toute façon, je ne pourrais rien faire. Mon frère mort est maintenant entouré d'une garde exactement comme s'il avait réussi à se faire roi. Va te recoucher. Tu es toute pâle de fatigue.

ISMÈNE. Et toi ?

ANTIGONE. Je n'ai pas envie de dormir ... Mais je te promets que je ne bougerai pas d'ici avant ton réveil. Nourrice va m'apporter à manger. Va dormir encore. Le soleil se lève seulement. Tu as les yeux tout petits de sommeil. Va ...

ISMÈNE. Je te convaincrai, n'est-ce pas ? Je te convaincrai ? Tu me laisseras te parler encore ?

ANTIGONE, *un peu lasse.* Je te laisserai me parler, oui. Je vous laisserai tous me parler. Va dormir maintenant, je t'en prie. Tu serais moins belle demain. (*Elle la regarde sortir avec un petit sourire triste, puis elle tombe soudain lasse sur une chaise.*) Pauvre Ismène! ...

LA NOURRICE, *entre.* Tiens, te voilà un bon café et des tartines, mon pigeon. Mange.

ANTIGONE. Je n'ai pas très faim, nourrice.

LA NOURRICE. Je te les ai grillées moi-même et beurrées comme tu les aimes.

ANTIGONE. Tu es gentille, nounou. Je vais seulement boire un peu.

LA NOURRICE. Où as-tu mal ?

ANTIGONE. Nulle part, nounou. Mais fais-moi tout de même bien chaud comme lorsque j'étais malade ... Nounou plus forte que la fièvre, nounou plus forte que le cauchemar, plus forte que l'ombre de l'armoire qui ricane et se transforme d'heure en heure sur le mur, plus forte que les mille insectes du silence qui rongent quelque chose, quelque part dans la nuit, plus forte que la nuit elle-même avec son hululement de folle qu'on n'entend pas; nounou plus forte que la mort. Donne-moi ta main comme lorsque tu restais à côté de mon lit.

LA NOURRICE. Qu'est-ce que tu as, ma petite colombe ?

ANTIGONE. Rien, nounou. Je suis seulement encore un peu petite pour tout cela. Mais il n'y a que toi qui dois le savoir.

LA NOURRICE. Trop petite pour quoi, ma mésange ?

ANTIGONE. Pour rien, nounou. Et puis, tu es là. Je tiens ta bonne main rugueuse qui sauve de tout, toujours, je le sais bien. Peut-être qu'elle va me sauver encore. Tu es si puissante, nounou.

LA NOURRICE. Qu'est-ce que tu veux que je fasse pour toi, ma tourterelle ?

ANTIGONE. Rien, nounou. Seulement ta main comme cela sur ma joue. (*Elle reste un moment les yeux fermés.*) Voilà, je n'ai plus peur. Ni du méchant ogre, ni du marchand de sable, ni de Taoutaou qui passe et emmène les enfants ... (*Un silence encore, elle continue d'un autre ton.*) Nounou, tu sais, Douce, ma chienne...

LA NOURRICE. Oui.

ANTIGONE. Tu vas me promettre que tu ne la gronderas plus jamais.

LA NOURRICE. Une bête qui salit tout avec ses pattes! Ça ne devrait pas entrer dans les maisons.

ANTIGONE. Même si elle salit tout. Promets, nourrice.

LA NOURRICE. Alors il faudra que je la laisse tout abîmer sans rien dire?

ANTIGONE. Oui, nounou.

LA NOURRICE. Ah! ça serait un peu fort!

ANTIGONE. S'il te plaît, nounou. Tu l'aimes bien, Douce, avec sa bonne grosse tête. Et puis, au fond, tu aimes bien frotter aussi. Tu serais très malheureuse si tout restait propre toujours. Alors je te le demande: ne la gronde pas.

LA NOURRICE. Et si elle salit mes tapis?

ANTIGONE. Promets que tu ne la gronderas tout de même pas. Je t'en prie, dis, je t'en prie, nounou ...

LA NOURRICE. Tu profites de ce que tu câlines ... C'est bon. C'est bon. On essuiera sans rien dire. Tu me fais tourner en bourrique.

ANTIGONE. Et puis, promets-moi aussi que tu lui parleras, que tu lui parleras souvent.

LA NOURRICE, *hausse les épaules*. A-t-on vu ça? Parler aux bêtes!

ANTIGONE. Et justement pas comme à une bête. Comme à une vraie personne, comme tu m'entends faire ...

LA NOURRICE. Ah! ça non! A mon âge, faire l'idiote! Mais pourquoi veux-tu que toute la maison lui parle comme toi, à cette bête?

ANTIGONE, *doucement*. Si moi, pour une raison ou pour une autre, je ne pouvais plus lui parler ...

LA NOURRICE, *qui ne comprend pas*. Plus lui parler, plus lui parler? Pourquoi?

ANTIGONE, *détourne un peu la tête et puis elle ajoute, la voix dure.* Et puis, si elle était trop triste, si elle avait trop l'air d'attendre tout de même, — le nez sous la porte comme lorsque je suis sortie, — il vaudrait peut-être mieux la faire tuer, nounou, sans qu'elle ait mal.

LA NOURRICE. La faire tuer, ma mignonne? Faire tuer ta chienne? Mais tu es folle ce matin!

ANTIGONE. Non, nounou. (*Hémon paraît.*) Voilà Hémon. Laisse-nous, nourrice. Et n'oublie pas que tu m'as juré.

*La nourrice sort.*

ANTIGONE, *court à Hémon.* Pardon, Hémon, pour notre dispute d'hier soir et pour tout. C'est moi qui avais tort. Je te prie de me pardonner.

HÉMON. Tu sais bien que je t'avais pardonné, à peine avais-tu claqué la porte. Ton parfum était encore là et je t'avais déjà pardonné. (*Il la tient dans ses bras, il sourit, il la regarde.*) A qui l'avais-tu volé, ce parfum?

ANTIGONE. A Ismène.

HÉMON. Et le rouge à lèvres, la poudre, la belle robe?

ANTIGONE. Aussi.

HÉMON. En quel honneur t'étais-tu faite si belle?

ANTIGONE. Je te dirai. (*Elle se serre contre lui un peu plus fort.*) Oh! mon chéri, comme j'ai été bête! Tout un soir gaspillé. Un beau soir.

HÉMON. Nous aurons d'autres soirs, Antigone.

ANTIGONE. Peut-être pas.

HÉMON. Et d'autres disputes aussi. C'est plein de disputes, un bonheur.

ANTIGONE. Un bonheur, oui ... Écoute, Hémon.

HÉMON. Oui.

ANTIGONE. Ne ris pas ce matin. Sois grave.

HÉMON. Je suis grave.

ANTIGONE. Et serre-moi. Plus fort que tu ne m'as jamais serrée. Que toute ta force s'imprime dans moi.

HÉMON. Là. De toute ma force.

ANTIGONE, *dans un souffle*. C'est bon. (*Ils restent un instant sans rien dire, puis elle commence doucement.*) Écoute, Hémon.

HÉMON. Oui.

ANTIGONE. Je voulais te dire ce matin ... Le petit garçon que nous aurions eu tous les deux ...

HÉMON. Oui.

ANTIGONE. Tu sais, je l'aurais bien défendu contre tout.

HÉMON. Oui, Antigone.

ANTIGONE. Oh! je l'aurais serré si fort qu'il n'aurait jamais eu peur, je te le jure. Ni du soir qui vient, ni de l'angoisse du plein soleil immobile, ni des ombres ... Notre petit garçon, Hémon! Il aurait eu une maman toute petite et mal peignée — mais plus sûre que toutes les vraies mères du monde avec leurs vraies poitrines et leurs grands tabliers. Tu le crois, n'est-ce pas, toi ?

HÉMON. Oui, mon amour.

ANTIGONE. Et tu crois aussi, n'est-ce pas, que toi, tu aurais eu une vraie femme ?

HÉMON, *la tient*. J'ai une vraie femme.

ANTIGONE, *crie soudain, blottie contre lui*. Oh! tu m'aimais, Hémon, tu m'aimais, tu en es bien sûr, ce soir-là ?

HÉMON, *la berce doucement*. Quel soir ?

ANTIGONE. Tu es bien sûr qu'à ce bal où tu es venu me chercher dans mon coin, tu ne t'es pas trompé de jeune fille ? Tu es sûr que tu n'as jamais regretté depuis, jamais pensé, même tout au fond de toi, même une fois, que tu aurais plutôt dû demander Ismène?

HÉMON. Idiote!

ANTIGONE. Tu m'aimes, n'est-ce pas? Tu m'aimes comme une femme? Tes bras qui me serrent ne mentent pas? Tes grandes mains posées sur mon dos ne mentent pas, ni ton odeur, ni ce bon chaud, ni cette grande confiance qui m'inonde quand j'ai la tête au creux de ton cou?

HÉMON. Oui, Antigone, je t'aime comme une femme.

ANTIGONE. Je suis noire et maigre. Ismène est rose et dorée comme un fruit.

HÉMON, *murmure*. Antigone ...

ANTIGONE. Oh! Je suis toute rouge de honte. Mais il faut que je sache ce matin. Dis la vérité, je t'en prie. Quand tu penses que je serai à toi, est-ce que tu sens au milieu de toi comme un grand trou qui se creuse, comme quelque chose qui meurt?

HÉMON. Oui, Antigone.

ANTIGONE, *dans un souffle, après un temps*. Moi, je sens comme cela. Et je voulais te dire que j'aurais été très fière d'être ta femme, ta vraie femme, sur qui tu aurais posé ta main, le soir, en t'asseyant, sans penser, comme sur une chose bien à toi. (*Elle s'est détachée de lui, elle a pris un autre ton.*) Voilà. Maintenant, je vais te dire encore deux choses. Et quand je les aurai dites, il faudra que tu sortes sans me questionner. Même si elles te paraissent extraordinaires, même si elles te font de la peine. Jure-le-moi.

HÉMON. Qu'est-ce que tu vas me dire encore?

ANTIGONE. Jure-moi d'abord que tu sortiras sans rien me dire. Sans même me regarder. Si tu m'aimes, jure-le-moi. (*Elle le regarde avec son pauvre visage bouleversé.*) Tu vois comme je te le demande, jure-le-moi, s'il te plaît, Hémon ... C'est la dernière folie que tu auras à me passer.

HÉMON, *après un temps.* Je te le jure.

ANTIGONE. Merci. Alors, voilà. Hier d'abord. Tu me demandais tout à l'heure pourquoi j'étais venue avec une robe d'Ismène, ce parfum et ce rouge aux lèvres. J'étais bête. Je n'étais pas très sûre que tu me désires vraiment et j'avais fait tout cela pour être un peu plus comme les autres filles, pour te donner envie de moi.

HÉMON. C'était pour cela?

ANTIGONE. Oui. Et tu as ri et nous nous sommes disputés et mon mauvais caractère a été le plus fort, je me suis sauvée. (*Il recule, il va parler, elle crie.*) Tu m'as juré de ne pas me demander pourquoi. Tu m'as juré, Hémon! (*Elle dit plus bas, humblement.*) Je t'en supplie ... (*Et elle ajoute, se détournant, dure.*) D'ailleurs, je vais te dire. Je voulais être ta femme quand même parce que je t'aime comme cela, moi, très fort, et que — je vais te faire de la peine, ô mon chéri, pardon! — que jamais, jamais, je ne pourrai t'épouser. (*Il est resté muet de stupeur, elle court à la fenêtre, elle crie.*) Hémon, tu me l'as juré! Sors. Sors tout de suite sans rien dire. Si tu parles, si tu fais un seul pas vers moi, je me jette par cette fenêtre. Je te le jure, Hémon. Je te le jure sur la tête du petit garçon que nous avons eu tous les deux en rêve, du seul petit garçon que j'aurai jamais. Pars maintenant, pars vite. Tu sauras demain. Tu sauras tout à l'heure. (*Elle achève avec un tel désespoir qu'Hémon obéit et s'éloigne.*) S'il te plaît, pars, Hémon. C'est tout ce que tu peux faire encore pour moi, si tu m'aimes. (*Il est sorti. Elle reste sans bouger, le dos à la salle, puis elle referme la fenêtre, elle vient s'asseoir sur une petite chaise au milieu de la scène, et dit doucement, comme étrangement apaisée.*) Voilà. C'est fini pour Hémon, Antigone.

ISMÈNE, *est entrée, appelant.* Antigone! ... Ah, tu es là!

ANTIGONE, *sans bouger.* Oui, je suis là.

ISMÈNE. Je ne peux pas dormir. J'avais peur que tu sortes, et que tu tentes de l'enterrer malgré le jour. Antigone, ma petite sœur, nous sommes tous là autour de toi, Hémon, nounou et moi, et Douce, ta chienne ... Nous t'aimons et nous sommes vivants, nous, nous avons besoin de toi. Polynice est mort et il ne t'aimait pas. Il a toujours été un étranger pour nous, un mauvais frère. Oublie-le, Antigone, comme il nous avait oubliées. Laisse son ombre dure errer éternellement sans sépulture, puisque c'est la loi de Créon. Ne tente pas ce qui est au-dessus de tes forces. Tu braves tout toujours, mais tu es toute petite, Antigone. Reste avec nous, ne va pas là-bas cette nuit, je t'en supplie.

ANTIGONE, *s'est levée, un étrange petit sourire sur les lèvres, elle va vers la porte et du seuil, doucement, elle dit.* C'est trop tard. Ce matin, quand tu m'as rencontrée, j'en venais.

*Elle est sortie. Ismène la suit avec un cri.*

ISMÈNE. Antigone!

*Dès qu'Ismène est sortie, Créon entre par une autre porte avec son page.*

CRÉON. Un garde, dis-tu? Un de ceux qui gardent le cadavre? Fais-le entrer.

*Le garde entre. C'est une brute. Pour le moment il est vert de peur.*

LE GARDE, *se présente au garde-à-vous.* Garde Jonas, de la Deuxième Compagnie.

CRÉON. Qu'est-ce que tu veux?

LE GARDE. Voilà, chef. On a tiré au sort pour savoir celui qui viendrait. Et le sort est tombé sur moi. Alors, voilà, chef. Je suis venu parce qu'on a pensé qu'il valait mieux qu'il n'y en ait qu'un qui explique, et puis parce qu'on ne pouvait pas abandonner le poste tous les trois. On est les trois du piquet de garde, chef, autour du cadavre.

CRÉON. Qu'as-tu à me dire?

LE GARDE. On est trois, chef. Je ne suis pas tout seul. Les autres c'est Durand et le garde de première classe Boudousse.

CRÉON. Pourquoi n'est-ce pas le première classe qui est venu?

LE GARDE. N'est-ce pas, chef? Je l'ai dit tout de suite, moi. C'est le première classe qui doit y aller. Quand il n'y a pas de gradé, c'est le première classe qui est responsable. Mais les autres ils ont dit non, et ils ont voulu tirer au sort. Faut-il que j'aille chercher le première classe, chef?

CRÉON. Non. Parle, toi, puisque tu es là.

LE GARDE. J'ai dix-sept ans de service. Je suis engagé volontaire, la médaille, deux citations. Je suis bien noté, chef. Moi je suis «service». Je ne connais que ce qui est commandé. Mes supérieurs ils disent toujours: «Avec Jonas on est tranquille.»

CRÉON. C'est bon. Parle. De quoi as-tu peur?

LE GARDE. Régulièrement ça aurait dû être le première classe. Moi je suis proposé première classe, mais je ne suis pas encore promu. Je devais être promu en juin.

CRÉON. Vas-tu parler enfin? S'il est arrivé quelque chose, vous êtes tous les trois responsables. Ne cherche plus qui devrait être là.

LE GARDE. Hé bien, voilà, chef: le cadavre ... On a veillé pourtant! On avait la relève de deux heures, la plus dure. Vous savez ce que c'est, chef, au moment où la nuit va finir. Ce plomb entre les yeux, la nuque qui tire, et puis toutes ces ombres qui bougent et le brouillard du petit matin qui se lève ... Ah! ils ont bien choisi leur heure! ... On était là, on parlait, on battait la semelle ... On ne dormait pas, chef, ça on peut vous le jurer tous les trois qu'on ne dormait pas! D'ailleurs, avec le froid qu'il faisait ... Tout d'un coup, moi je regarde le cadavre ... On était à deux pas, mais moi je le regardais de temps en temps tout de même ... Je suis comme ça, moi, chef, je suis méticuleux. C'est pour ça que mes supérieurs ils disent: «Avec Jonas ...» (*Un geste de Créon l'arrête, il crie soudain.*) C'est moi qui l'ai vu le premier, chef! Les autres vous le diront, c'est moi qui ai donné le premier l'alarme!

CRÉON. L'alarme? Pourquoi?

LE GARDE. Le cadavre, chef. Quelqu'un l'avait recouvert. Oh! pas grand'chose. Ils n'avaient pas eu le temps avec nous autres à côté. Seulement un peu de terre ... Mais assez tout de même pour le cacher aux vautours.

CRÉON, *va à lui.* Tu es sûr que ce n'est pas une bête en grattant?

LE GARDE. Non, chef. On a d'abord espéré ça, nous aussi. Mais la terre était jetée sur lui. Selon les rites. C'est quelqu'un qui savait ce qu'il faisait.

CRÉON. Qui a osé? Qui a été assez fou pour braver ma loi? As-tu relevé des traces?

LE GARDE. Rien, chef. Rien qu'un pas plus léger qu'un passage d'oiseau. Après, en cherchant mieux, le garde Durand a trouvé plus loin une pelle, une petite pelle d'enfant toute vieille, toute rouillée. On a pensé que ça ne pouvait pas être un enfant qui avait fait le coup. Le première classe l'a gardée tout de même pour l'enquête.

CRÉON, *rêve un peu*. Un enfant ... L'opposition brisée qui sourd et mine déjà partout. Les amis de Polynice avec leur or bloqué dans Thèbes, les chefs de la plèbe puant l'ail, soudainement alliés aux princes, et les prêtres essayant de pêcher un petit quelque chose au milieu de tout cela ... Un enfant! Ils ont dû penser que cela serait plus touchant. Je le vois d'ici, leur enfant, avec sa gueule de tueur appointé et la petite pelle soigneusement enveloppée dans du papier sous sa veste. A moins qu'ils n'aient dressé un vrai enfant, avec des phrases ... Une innocence inestimable pour le parti. Un vrai petit garçon pâle qui crachera devant mes fusils. Un précieux sang bien frais sur mes mains, double aubaine. (*Il va à l'homme.*) Mais ils ont des complices, et dans ma garde peut-être. Écoute bien, toi ...

LE GARDE. Chef, on a fait tout ce qu'on devait faire! Durand s'est assis une demi-heure parce qu'il avait mal aux pieds, mais moi, chef, je suis resté tout le temps debout. Le première classe vous le dira.

CRÉON. A qui avez-vous déjà parlé de cette affaire?

LE GARDE. A personne, chef. On a tout de suite tiré au sort, et je suis venu.

CRÉON. Écoute bien. Votre garde est doublée. Renvoyez la relève. Voilà l'ordre. Je ne veux que vous près du cadavre. Et pas un mot. Vous êtes coupables d'une négligence, vous serez punis de toute façon, mais si tu parles, si le bruit court dans la ville qu'on a recouvert le cadavre de Polynice, vous mourrez tous les trois.

LE GARDE, *gueule*. On n'a pas parlé, chef, je vous le jure! Mais moi, j'étais ici et peut-être que les autres ils l'ont déjà dit à la relève ... (*Il sue à grosses gouttes, il bafouille.*) Chef, j'ai deux enfants. Il y en a un qui est tout petit. Vous témoignerez pour moi que j'étais ici, chef, devant le conseil de guerre. J'étais ici, moi, avec vous! J'ai un témoin! Si on a parlé, ça sera les autres, ça ne sera pas moi! J'ai un témoin, moi!

CRÉON. Va vite. Si personne ne sait, tu vivras. (*Le garde sort en courant. Créon reste un instant muet. Soudain, il murmure.*) Un enfant ... (*Il a pris le petit page par l'épaule.*) Viens, petit. Il faut que nous allions raconter tout cela maintenant ... Et puis, la jolie besogne commencera. Tu mourrais, toi, pour moi? Tu crois que tu irais avec ta petite pelle? (*Le petit le regarde. Il sort avec lui, lui caressant la tête.*) Oui, bien sûr, tu irais tout de suite, toi aussi ... (*On l'entend soupirer encore en sortant.*) Un enfant ...

*Ils sont sortis. Le chœur entre.*

LE CHŒUR. Et voilà. Maintenant le ressort est bandé. Cela n'a plus qu'à se dérouler tout seul. C'est cela qui est commode dans la tragédie. On donne le petit coup de pouce pour que cela démarre, rien, un regard pendant une seconde à une fille qui passe et lève les bras dans la rue, une envie d'honneur un beau

Chœur : Prologue

Il nous remet cela en mémoire juste au moment où l'action est sur point de devenir tragique matin, au réveil, comme de quelque chose qui se mange, une question de trop qu'on se pose un soir ... C'est tout. Après, on n'a plus qu'à laisser faire. On est tranquille. Cela roule tout seul. C'est minutieux, bien huilé depuis toujours. La mort, la trahison, le désespoir sont là, tout prêts, et les éclats, et les orages, et les silences, tous les silences: le silence quand le bras du bourreau se lève à la fin, le silence au commencement quand les deux amants sont nus l'un en face de l'autre pour la première fois, sans oser bouger tout de suite, dans la chambre sombre, le silence quand les cris de la foule éclatent autour du vainqueur — et on dirait un film dont le son s'est enrayé, toutes ces bouches ouvertes dont il ne sort rien, toute cette clameur qui n'est qu'une image, et le vainqueur, déjà vaincu, seul au milieu de son silence . . .

C'est propre, la tragédie. C'est reposant, c'est sûr . . . Dans le drame, avec ces traîtres, avec ces méchants acharnés, cette innocence persécutée, ces vengeurs, ces terre-neuve, ces lueurs d'espoir, cela devient épouvantable de mourir, comme un accident. On aurait peut-être pu se sauver, le bon jeune homme aurait peut-être pu arriver à temps avec les gendarmes. Dans la tragédie on est tranquille. D'abord, on est entre soi. On est tous innocents en somme! Ce n'est pas parce qu'il y en a un qui tue et l'autre qui est tué. C'est une question de distribution. Et puis, surtout, c'est reposant, la tragédie, parce qu'on sait qu'il n'y a plus d'espoir, le sale espoir; qu'on est pris, qu'on est enfin pris comme un rat, avec tout le ciel sur son dos, et qu'on n'a plus qu'à crier, — pas à gémir, non, pas à se plaindre, — à gueuler à pleine voix ce qu'on avait à dire, qu'on n'avait jamais dit et qu'on ne savait peut-être même pas encore. Et pour rien: pour se le dire à soi, pour l'apprendre, soi. Dans le drame, on se débat parce qu'on espère en sortir. C'est ignoble, c'est utilitaire. Là, c'est gratuit. C'est pour les rois. Et il n'y a plus rien à tenter, enfin!

*Antigone est entrée, poussée par les gardes.*

LE CHŒUR. Alors, voilà, cela commence. La petite Antigone est prise. La petite Antigone va pouvoir être elle-même pour la première fois.

*Le chœur disparaît, tandis que les gardes poussent Antigone en scène.*

LE GARDE, *qui a repris tout son aplomb.* Allez, allez, pas d'histoires! Vous vous expliquerez devant le chef. Moi, je ne connais que la consigne. Ce que vous aviez à faire là, je ne veux pas le savoir. Tout le monde a des excuses, tout le monde a quelque chose à objecter. S'il fallait écouter les gens, s'il fallait essayer de comprendre, on serait propres. Allez, allez! Tenez-la, vous autres, et pas d'histoires! Moi, ce qu'elle a à dire, je ne veux pas le savoir!

ANTIGONE. Dis-leur de me lâcher, avec leurs sales mains. Ils me font mal.

LE GARDE. Leurs sales mains? Vous pourriez être polie, Mademoiselle ... Moi, je suis poli.

ANTIGONE. Dis-leur de me lâcher. Je suis la fille d'Œdipe, je suis Antigone. Je ne me sauverai pas.

LE GARDE. La fille d'Œdipe, oui! Les putains qu'on ramasse à la garde de nuit, elles disent aussi de se méfier, qu'elles sont la bonne amie du préfet de police! *Ils rigolent.*

le garde: Il pense de sa consigne, rien plus

ANTIGONE. Je veux bien mourir, mais pas qu'ils me touchent!

LE GARDE. Et les cadavres, dis, et la terre, ça ne te fait pas peur à toucher? Tu dis «leurs sales mains»! Regarde un peu les tiennes!

*Antigone regarde ses mains tenues par les menottes avec un petit sourire. Elles sont pleines de terre.*

LE GARDE. On te l'avait prise, ta pelle? Il a fallu que tu refasses ça avec tes ongles, la deuxième fois? Ah! cette audace! Je tourne le dos une seconde, je te demande une chique, et allez, le temps de me la caler dans la joue, le temps de dire merci, elle était là, à gratter comme une petite hyène. Et en plein jour! Et c'est qu'elle se débattait, cette garce, quand j'ai voulu la prendre! C'est qu'elle voulait me sauter aux yeux! Elle criait qu'il fallait qu'elle finisse ... C'est une folle, oui!

LE DEUXIÈME GARDE. J'en ai arrêté une autre, de folle, l'autre jour.

LE GARDE. Dis, Boudousse, qu'est-ce qu'on va se payer comme gueuleton tous les trois, pour fêter ça!

LE DEUXIÈME GARDE. Chez la Tordue. Il est bon, son rouge.

LE TROISIÈME GARDE. On a quartier libre, dimanche. Si on emmenait les femmes?

LE GARDE. Non, entre nous, qu'on rigole ... Avec les femmes, il y a toujours des histoires. Ah! dis, Boudousse, tout à l'heure, on ne croyait pas qu'on aurait envie de rigoler comme ça, nous autres!

LE DEUXIÈME GARDE. Ils vont peut-être nous donner une récompense.

LE GARDE. Ça se peut, si c'est important.

Le troisième Garde. Flanchard, de la troisième, quand il a mis la main sur l'incendiaire, le mois dernier, il a eu le mois double.

Le deuxième Garde. Ah, dis donc! Si on a le mois double, je propose: au lieu d'aller chez la Tordue, on va au Palais arabe.

Le Garde. Pour boire ? T'es pas fou ? Ils te vendent la bouteille le double au Palais. Écoutez-moi, je vais vous dire: on va d'abord chez la Tordue, on se les cale comme il faut et après on va au Palais. Dis, Boudousse, tu te rappelles ?

Le deuxième Garde. Ah! ce que t'étais saoul, toi, ce jour-là!

Le troisième Garde. Mais nos femmes, si on a le mois double, elles le sauront. Si ça se trouve, on sera peut-être publiquement félicités.

Le Garde. Alors on verra. La rigolade c'est autre chose. S'il y a une cérémonie dans la cour de la caserne, comme pour les décorations, les femmes viendront aussi et les gosses. Et alors on ira tous chez la Tordue.

Le deuxième Garde. Oui, mais il faudra lui commander le menu d'avance.

Antigone, *demande d'une petite voix*. Je voudrais m'asseoir un peu, s'il vous plaît.

Le Garde, *après un temps de réflexion*. C'est bon, qu'elle s'asseye. Mais ne la lâchez pas, vous autres.

*Créon entre, le garde gueule aussitôt.*

Le Garde. Garde à vous!

Créon, *s'est arrêté, surpris*. Lâchez cette jeune fille. Qu'est-ce que c'est ?

Le Garde. C'est le piquet de garde, chef. On est venu avec les camarades.

Créon. Qui garde le corps?

Le Garde. On a appelé la relève, chef.

Créon. Je t'avais dit de la renvoyer! Je t'avais dit de ne rien dire.

Le Garde. On n'a rien dit, chef. Mais comme on a arrêté celle-là, on a pensé qu'il fallait qu'on vienne. Et cette fois on n'a pas tiré au sort. On a préféré venir tous les trois.

Créon. Imbéciles! (*A Antigone.*) Où t'ont-ils arrêtée?

Le Garde. Près du cadavre, chef.

Créon. Qu'allais-tu faire près du cadavre de ton frère? Tu savais que j'avais interdit de l'approcher.

Le Garde. Ce qu'elle faisait, chef? C'est pour ça qu'on vous l'amène. Elle grattait la terre avec ses mains. Elle était en train de le recouvrir encore une fois.

Créon. Sais-tu bien ce que tu es en train de dire, toi?

Le Garde. Chef, vous pouvez demander aux autres. On avait dégagé le corps à mon retour; mais avec le soleil qui chauffait, comme il commençait à sentir, on s'était mis sur une petite hauteur, pas loin, pour être dans le vent. On se disait qu'en plein jour on ne risquait rien. Pourtant on avait décidé, pour être plus sûrs, qu'il y en aurait toujours un de nous trois qui le regarderait. Mais à midi, en plein soleil, et puis avec l'odeur qui montait depuis que le vent était tombé, c'était comme un coup de massue. J'avais beau écarquiller les yeux, ça tremblait comme de la gélatine, je voyais plus. Je vais au camarade lui demander une chique pour passer ça ... Le temps que je me la cale à la joue, chef, le temps que je lui dise merci, je me retourne: elle était là à gratter avec ses mains. En plein jour! Elle devait bien penser qu'on ne pouvait pas ne pas la voir. Et quand elle a vu que je lui courais dessus, vous croyez qu'elle s'est arrêtée, qu'elle a essayé de se sauver peut-être? Non. Elle a continué de toutes ses forces aussi vite qu'elle pouvait, comme si elle ne me voyait pas arriver. Et quand je l'ai empoignée, elle se débattait comme une diablesse, elle voulait continuer encore, elle me criait de la laisser, que le corps n'était pas encore tout à fait recouvert ...

CRÉON, *à Antigone*. C'est vrai?

ANTIGONE. Oui, c'est vrai.

LE GARDE. On a redécouvert le corps, comme de juste, et puis on a passé la relève, sans parler de rien, et on est venu vous l'amener, chef. Voilà.

CRÉON. Et cette nuit, la première fois, c'était toi aussi?

ANTIGONE. Oui. C'était moi. Avec une petite pelle de fer qui nous servait à faire des châteaux de sable sur la plage, pendant les vacances. C'était justement la pelle de Polynice. Il avait gravé son nom au couteau sur le manche. C'est pour cela que je l'ai laissée près de lui. Mais ils l'ont prise. Alors, la seconde fois, j'ai dû recommencer avec mes mains.

LE GARDE. On aurait dit une petite bête qui grattait. Même qu'au premier coup d'œil, avec l'air chaud qui tremblait, le camarade dit: «Mais non, c'est une bête.» «Penses-tu, je lui dis, c'est trop fin pour une bête. C'est une fille.»

CRÉON. C'est bien. On vous demandera peut-être un rapport tout à l'heure. Pour le moment, laissez-moi seul avec elle. Conduis ces hommes à côté, petit. Et qu'ils restent au secret jusqu'à ce que je revienne les voir.

LE GARDE. Faut-il lui remettre les menottes, chef?

CRÉON. Non.

*Les gardes sont sortis, précédés par le petit page. Créon et Antigone sont seuls l'un en face de l'autre.*

CRÉON. Avais-tu parlé de ton projet à quelqu'un ?

ANTIGONE. Non.

CRÉON. As-tu rencontré quelqu'un sur ta route ?

ANTIGONE. Non, personne.

CRÉON. Tu en es bien sûre ?

ANTIGONE. Oui.

CRÉON. Alors, écoute : tu vas rentrer chez toi, te coucher, dire que tu es malade, que tu n'es pas sortie depuis hier. Ta nourrice dira comme toi. Je ferai disparaître ces trois hommes.

ANTIGONE. Pourquoi ? Puisque vous savez bien que je recommencerai.

*Un silence. Ils se regardent.*

CRÉON. Pourquoi as-tu tenté d'enterrer ton frère ?

ANTIGONE. Je le devais.

CRÉON. Je l'avais interdit.

ANTIGONE, *doucement.* Je le devais tout de même. Ceux qu'on n'enterre pas errent éternellement sans jamais trouver de repos. Si mon frère vivant était rentré harassé d'une longue chasse, je lui aurais enlevé ses chaussures, je lui aurais fait à manger, je lui aurais préparé son lit ... Polynice aujourd'hui a achevé sa chasse. Il rentre à la maison où mon père et ma mère, et Étéocle aussi, l'attendent. Il a droit au repos.

CRÉON. C'était un révolté et un traître, tu le savais.

ANTIGONE. C'était mon frère.

CRÉON. Tu avais entendu proclamer l'édit aux carrefours, tu avais lu l'affiche sur tous les murs de la ville ?

ANTIGONE. Oui.

Créon. Tu savais le sort qui y était promis à celui, quel qu'il soit, qui oserait lui rendre les honneurs funèbres ?

Antigone. Oui, je le savais.

Créon. Tu as cru peut-être que d'être la fille d'Œdipe, la fille de l'orgueil d'Œdipe, c'était assez pour être au-dessus de la loi.

Antigone. Non. Je n'ai pas cru cela.

Créon. La loi est d'abord faite pour toi, Antigone, la loi est d'abord faite pour les filles des rois !

Antigone. Si j'avais été une servante en train de faire sa vaisselle, quand j'ai entendu lire l'édit, j'aurais essuyé l'eau grasse de mes bras et je serais sortie avec mon tablier pour aller enterrer mon frère.

Créon. Ce n'est pas vrai. Si tu avais été une servante, tu n'aurais pas douté que tu allais mourir et tu serais restée à pleurer ton frère chez toi. Seulement tu as pensé que tu étais de race royale, ma nièce et la fiancée de mon fils, et que, quoi qu'il arrive, je n'oserais pas te faire mourir.

Antigone. Vous vous trompez. J'étais certaine que vous me feriez mourir au contraire.

Créon, *la regarde et murmure soudain.* L'orgueil d'Œdipe. Tu es l'orgueil d'Œdipe. Oui, maintenant que je l'ai retrouvé au fond de tes yeux, je te crois. Tu as dû penser que je te ferais mourir. Et cela te paraissait un dénouement tout naturel pour toi, orgueilleuse ! Pour ton père non plus — je ne dis pas le bonheur, il n'en était pas question — le malheur humain, c'était trop peu. L'humain vous gêne aux entournures dans la famille. Il vous faut un tête-à-tête avec le destin et la mort. Et tuer votre père et coucher avec votre mère et apprendre tout cela après, avidement, mot par

provocation du destin ; de la mort excessif

surhumain

mot. Quel breuvage, hein, les mots qui vous condamnent? Et comme on les boit goulûment quand on s'appelle Œdipe, ou Antigone. Et le plus simple après, c'est encore de se crever les yeux et d'aller mendier avec ses enfants sur les routes ... Eh bien, non. Ces temps sont révolus pour Thèbes. Thèbes a droit maintenant à un prince sans histoire. Moi, je m'appelle seulement Créon, Dieu merci. J'ai mes deux pieds par terre, mes deux mains enfoncées dans mes poches et, puisque je suis roi, j'ai résolu, avec moins d'ambition que ton père, de m'employer tout simplement à rendre l'ordre de ce monde un peu moins absurde, si c'est possible. Ce n'est même pas une aventure, c'est un métier pour tous les jours et pas toujours drôle, comme tous les métiers. Mais puisque je suis là pour le faire, je vais le faire ... Et si demain un messager crasseux dévale du fond des montagnes pour m'annoncer qu'il n'est pas très sûr non plus de ma naissance, je le prierai tout simplement de s'en retourner d'où il vient et je ne m'en irai pas pour si peu regarder ta tante sous le nez et me mettre à confronter les dates. Les rois ont autre chose à faire que du pathétique personnel, ma petite fille. (*Il a été à elle, il lui prend le bras.*) Alors, écoute-moi bien. Tu es Antigone, tu es la fille d'Œdipe, soit, mais tu as vingt ans et il n'y a pas longtemps encore tout cela se serait réglé par du pain sec et une paire de gifles. (*Il la regarde souriant.*) Te faire mourir! Tu ne t'es pas regardée, moineau! Tu es trop maigre. Grossis un peu, plutôt, pour faire un gros garçon à Hémon. Thèbes en a besoin plus que de ta mort, je te l'assure. Tu vas rentrer chez toi tout de suite pour faire ce que je t'ai dit et te taire. Je me charge du silence des autres. Allez, va! Et ne me foudroie pas comme cela du regard. Tu me prends pour une brute, c'est entendu, et tu dois penser que je suis décidément bien prosaïque. Mais je t'aime bien tout de même avec ton sale caractère. N'oublie pas que c'est moi qui t'ai fait cadeau de ta première poupée, il n'y a pas si longtemps.

*Antigone ne répond pas. Elle va sortir. Il l'arrête.*

CRÉON. Antigone! C'est par cette porte qu'on regagne ta chambre. Où t'en vas-tu par là ?

ANTIGONE, *s'est arrêtée, elle lui répond doucement, sans forfanterie.* Vous le savez bien ...

*Un silence. Ils se regardent encore debout l'un en face de l'autre.*

CRÉON, *murmure, comme pour lui.* Quel jeu joues-tu ?

ANTIGONE. Je ne joue pas.

CRÉON. Tu ne comprends donc pas que si quelqu'un d'autre que ces trois brutes sait tout à l'heure ce que tu as tenté de faire, je serai obligé de te faire mourir ? Si tu te tais maintenant, si tu renonces à cette folie, j'ai une chance de te sauver, mais je ne l'aurai plus dans cinq minutes. Le comprends-tu ?

ANTIGONE. Il faut que j'aille enterrer mon frère que ces hommes ont découvert.

CRÉON. Tu irais refaire ce geste absurde ? Il y a une autre garde autour du corps de Polynice et, même si tu parviens à le recouvrir encore, on dégagera son cadavre, tu le sais bien. Que peux-tu donc, sinon t'ensanglanter encore les ongles et te faire prendre ?

ANTIGONE. Rien d'autre que cela, je le sais. Mais cela, du moins, je le peux. Et il faut faire ce que l'on peut.



[ Antigone reconnaît l'obédi[illegible] de son oncle (« [illegible] »), mais elle y oppose une loi morale individuelle

CRÉON. Tu y crois donc vraiment, toi, à cet enterrement dans les règles ? A cette ombre de ton frère condamnée à errer toujours si on ne jette pas sur le cadavre un peu de terre avec la formule du prêtre ? Tu leur as déjà entendu la réciter, aux prêtres de Thèbes, la formule ? Tu as vu ces pauvres têtes d'employés fatigués écourtant les gestes, avalant les mots, bâclant ce mort pour en prendre un autre avant le repas de midi ?

ANTIGONE. Oui, je les ai vus.

CRÉON. Est-ce que tu n'as jamais pensé alors que si c'était un être que tu aimais vraiment, qui était là, couché dans cette boîte, tu te mettrais à hurler tout d'un coup ? A leur crier de se taire, de s'en aller ?

ANTIGONE. Si, je l'ai pensé.

CRÉON. Et tu risques la mort maintenant parce que j'ai refusé à ton frère ce passeport dérisoire, ce bredouillage en série sur sa dépouille, cette pantomime dont tu aurais été la première à avoir honte et mal si on l'avait jouée. C'est absurde!

ANTIGONE. Oui, c'est absurde.

CRÉON. Pourquoi fais-tu ce geste, alors ? Pour les autres, pour ceux qui y croient ? Pour les dresser contre moi ?

ANTIGONE. Non.

CRÉON. Ni pour les autres, ni pour ton frère ? Pour qui alors ?

ANTIGONE. Pour personne. Pour moi.

CRÉON, *la regarde en silence*. Tu as donc bien envie de mourir ? Tu as déjà l'air d'un petit gibier pris.

ANTIGONE. Ne vous attendrissez pas sur moi. Faites comme moi. Faites ce que vous avez à faire. Mais si vous êtes un être humain, faites-le vite. Voilà tout ce que je vous demande. Je n'aurai pas du courage éternellement, c'est vrai.

CRÉON, *se rapproche*. Je veux te sauver, Antigone.

ANTIGONE. Vous êtes le roi, vous pouvez tout, mais cela, vous ne le pouvez pas.

CRÉON. Tu crois ?

ANTIGONE. Ni me sauver, ni me contraindre.

CRÉON. Orgueilleuse! Petite Œdipe!

ANTIGONE. Vous pouvez seulement me faire mourir.

CRÉON. Et si je te fais torturer ?

ANTIGONE. Pourquoi ? Pour que je pleure, que je demande grâce, pour que je jure tout ce qu'on voudra et que je recommence après, quand je n'aurai plus mal ?

CRÉON, *lui serre le bras*. Écoute-moi bien. J'ai le mauvais rôle, c'est entendu, et tu as le bon. Et tu le sens. Mais n'en profite tout de même pas trop, petite peste ... Si j'étais une bonne brute ordinaire de tyran, il y aurait déjà longtemps qu'on t'aurait arraché la langue, tiré les membres aux tenailles, ou jetée dans un trou. Mais tu vois dans mes yeux quelque chose qui hésite, tu vois que je te laisse parler au lieu d'appeler mes soldats; alors, tu nargues, tu attaques tant que tu peux. Où veux-tu en venir, petite furie ?

ANTIGONE. Lâchez-moi. Vous me faites mal au bras avec votre main.

CRÉON, *qui serre plus fort*. Non. Moi, je suis le plus fort comme cela, j'en profite aussi.

ANTIGONE, *pousse un petit cri*. Aïe!

CRÉON, *dont les yeux rient*. C'est peut-être ce que je devrais faire après tout, tout simplement, te tordre le poignet, te tirer les cheveux comme on fait aux filles dans les jeux. (*Il la regarde encore. Il redevient grave. Il lui dit tout près.*) Je suis ton oncle, c'est entendu, mais nous ne sommes pas tendres les uns pour les autres, dans la famille. Cela ne te semble pas drôle, tout de même, ce roi bafoué qui t'écoute, ce vieil homme qui peut tout et qui en a vu tuer d'autres, je t'assure, et d'aussi attendrissants que toi, et qui est là, à se donner toute cette peine pour essayer de t'empêcher de mourir ?

ANTIGONE, *après un temps.* Vous serrez trop, maintenant. Cela ne me fait même plus mal. Je n'ai plus de bras.

CRÉON, *la regarde et la lâche avec un petit sourire. Il murmure.* Dieu sait pourtant si j'ai autre chose à faire aujourd'hui, mais je vais tout de même perdre le temps qu'il faudra et te sauver, petite peste. (*Il la fait asseoir sur une chaise au milieu de la pièce. Il enlève sa veste, il s'avance vers elle, lourd, puissant, en bras de chemise.*) Au lendemain d'une révolution ratée, il y a du pain sur la planche, je te l'assure. Mais les affaires urgentes attendront. Je ne veux pas te laisser mourir dans une histoire de politique. Tu vaux mieux que cela. Parce que ton Polynice, cette ombre éplorée et ce corps qui se décompose entre ses gardes et tout ce pathétique qui t'enflamme, ce n'est qu'une histoire de politique. D'abord, je ne suis pas tendre, mais je suis délicat; j'aime ce qui est propre, net, bien lavé. Tu crois que cela ne me dégoûte pas autant que toi, cette viande qui pourrit au soleil ? Le soir, quand le vent vient de la mer, on la sent déjà du palais. Cela me soulève le cœur. Pourtant, je ne vais même pas fermer ma fenêtre. C'est ignoble, et je peux te le dire à toi, c'est bête, monstrueusement bête, mais il faut que tout Thèbes sente cela pendant quelque temps. Tu penses bien que je l'aurais fait enterrer, ton frère, ne fût-ce que pour l'hygiène! Mais pour que les brutes que je gouverne comprennent, il faut que cela pue le cadavre de Polynice dans toute la ville, pendant un mois.

ANTIGONE. Vous êtes odieux!

CRÉON. Oui, mon petit. C'est le métier qui le veut. Ce qu'on peut discuter, c'est s'il faut le faire ou ne pas le faire. Mais si on le fait, il faut le faire comme cela.

ANTIGONE. Pourquoi le faites-vous?

CRÉON. Un matin, je me suis réveillé roi de Thèbes. Et Dieu sait si j'aimais autre chose dans la vie que d'être puissant ...

ANTIGONE. Il fallait dire non, alors!

CRÉON. Je le pouvais. Seulement, je me suis senti tout d'un coup comme un ouvrier qui refusait un ouvrage. Cela ne m'a pas paru honnête. J'ai dit «oui».

ANTIGONE. Eh bien, tant pis pour vous. Moi, je n'ai pas dit «oui»! Qu'est-ce que vous voulez que cela me fasse, à moi, votre politique, votre nécessité, vos pauvres histoires? Moi, je peux dire «non» encore à tout ce que je n'aime pas et je suis seul juge. Et vous, avec votre couronne, avec vos gardes, avec votre attirail, vous pouvez seulement me faire mourir, parce que vous avez dit «oui».

CRÉON. Écoute-moi.

ANTIGONE. Si je veux, moi, je peux ne pas vous écouter. Vous avez dit «oui». Je n'ai plus rien à apprendre de vous. Pas vous. Vous êtes là à boire mes paroles. Et si vous n'appelez pas vos gardes, c'est pour m'écouter jusqu'au bout.

CRÉON. Tu m'amuses!

ANTIGONE. Non. Je vous fais peur. C'est pour cela que vous essayez de me sauver. Ce serait tout de même plus commode de garder une petite Antigone vivante et muette dans ce palais. Vous êtes trop sensible pour faire un bon tyran, voilà tout. Mais vous allez me faire mourir tout de même tout à l'heure, vous le savez, et c'est pour cela que vous avez peur. C'est laid un homme qui a peur.

CRÉON, *sourdement*. Eh bien, oui, j'ai peur d'être obligé de te faire tuer si tu t'obstines. Et je ne le voudrais pas.

ANTIGONE. Moi, je ne suis pas obligée de faire ce que je ne voudrais pas! Vous n'auriez pas voulu non plus, peut-être, refuser une tombe à mon frère? Dites-le donc, que vous ne l'auriez pas voulu?

CRÉON. Je te l'ai dit.

ANTIGONE. Et vous l'avez fait tout de même. Et maintenant, vous allez me faire tuer sans le vouloir. Et c'est cela, être roi!

CRÉON. Oui, c'est cela!

ANTIGONE. Pauvre Créon! Avec mes ongles cassés et pleins de terre et les bleus que tes gardes m'ont faits aux bras, avec ma peur qui me tord le ventre, moi je suis reine.

CRÉON. Alors, aie pitié de moi, vis. Le cadavre de ton frère qui pourrit sous mes fenêtres, c'est assez payé pour que l'ordre règne dans Thèbes. Mon fils t'aime. Ne m'oblige pas à payer avec toi encore. J'ai assez payé.

ANTIGONE. Non. Vous avez dit «oui». Vous ne vous arrêterez jamais de payer maintenant!

CRÉON, *la secoue soudain, hors de lui.* Mais, bon Dieu! Essaie de comprendre une minute, toi aussi, petite idiote! J'ai bien essayé de te comprendre, moi. Il faut pourtant qu'il y en ait qui disent oui. Il faut pourtant qu'il y en ait qui mènent la barque. Cela prend l'eau de toutes parts, c'est plein de crimes, de bêtise, de misère ... Et le gouvernail est là qui ballotte. L'équipage ne veut plus rien faire, il ne pense qu'à piller la cale et les officiers sont déjà en train de se construire un petit radeau confortable, rien que pour eux, avec toute la provision d'eau douce pour tirer au moins leurs os de là. Et le mât craque, et le vent siffle, et les voiles vont se déchirer, et toutes ces brutes vont crever toutes ensemble, parce qu'elles ne pensent qu'à leur peau, à leur précieuse peau et à leurs petites affaires. Crois-tu, alors, qu'on a le temps de faire le raffiné, de savoir s'il faut dire «oui» ou «non», de se demander s'il ne faudra pas payer trop cher un jour et si on pourra encore être un homme après? On prend le bout de bois, on redresse devant la montagne d'eau, on gueule un ordre et on tire dans le tas, sur le premier qui s'avance. Dans le tas! Cela n'a pas de nom. C'est comme la vague qui vient de s'abattre sur le pont devant vous; le vent qui vous gifle, et la chose qui tombe dans le groupe n'a pas de nom. C'était peut-être celui qui t'avait donné du feu en souriant la veille. Il n'a plus de nom. Et toi non plus, tu n'as plus de nom, cramponné à la barre. Il n'y a plus que le bateau qui ait un nom et la tempête. Est-ce que tu le comprends, cela?

ANTIGONE, *secoue la tête.* Je ne veux pas comprendre. C'est bon pour vous. Moi je suis là pour autre chose que pour comprendre. Je suis là pour vous dire «non» et pour mourir.

CRÉON. C'est facile de dire non!

ANTIGONE. Pas toujours.

CRÉON. Pour dire oui, il faut suer et retrousser ses manches, empoigner la vie à pleines mains et s'en mettre jusqu'aux coudes. C'est facile de dire non, même si on doit mourir. Il n'y a qu'à ne pas bouger et attendre. Attendre pour vivre, attendre même pour qu'on vous tue. C'est trop lâche. C'est une invention des hommes. Tu imagines un monde où les arbres aussi auraient dit non contre la sève, où les bêtes auraient dit non contre l'instinct de la chasse ou de l'amour? Les bêtes, elles au moins, sont bonnes et simples et dures. Elles vont, se poussant les unes après les autres, courageusement, sur le même chemin. Et si elles tombent, les autres passent et il peut s'en perdre autant que l'on veut, il en restera toujours une de chaque espèce prête à refaire des petits et à reprendre le même chemin avec le même courage, toute pareille à celles qui sont passées avant.

ANTIGONE. Quel rêve, hein, pour un roi: des bêtes! Ce serait si simple.

*Un silence. Créon la regarde.*

CRÉON. Tu me méprises, n'est-ce pas? (*Elle ne répond pas, il continue comme pour lui.*) C'est drôle. Je l'ai souvent imaginé, ce dialogue avec un petit jeune homme pâle qui aurait essayé de me tuer et dont je ne pourrais rien tirer après que du mépris. Mais je ne pensais pas que ce serait avec toi et pour quelque chose d'aussi bête ... (*Il a pris sa tête dans ses mains. On sent qu'il est à bout de forces.*) Écoute-moi tout de même pour la dernière fois. Mon rôle n'est pas bon, mais c'est mon rôle et je vais te faire tuer. Seulement, avant, je veux que toi aussi tu sois bien sûre du tien. Tu sais pourquoi tu vas mourir, Antigone ? Tu sais au bas de quelle histoire sordide tu vas signer pour toujours ton petit nom sanglant ?

ANTIGONE. Quelle histoire ?

CRÉON. Celle d'Étéocle et de Polynice, celle de tes frères. Non, tu crois la savoir, tu ne la sais pas. Personne ne la sait dans Thèbes, que moi. Mais il me semble que toi, ce matin, tu as aussi le droit de l'apprendre. (*Il rêve un temps, la tête dans ses mains, accoudé sur ses genoux. On l'entend murmurer.*) Ce n'est pas bien beau, tu vas voir. (*Et il commence sourdement sans regarder Antigone.*) Que te rappelles-tu de tes frères, d'abord ? Deux compagnons de jeux qui te méprisaient sans doute, qui te cassaient tes poupées, se chuchotant éternellement des mystères à l'oreille l'un de l'autre pour te faire enrager ?

ANTIGONE. C'étaient des grands ...

CRÉON. Après, tu as dû les admirer avec leurs premières cigarettes, leurs premiers pantalons longs ; et puis ils ont commencé à sortir le soir, à sentir l'homme, et ils ne t'ont plus regardée du tout.

ANTIGONE. J'étais une fille ...

CRÉON. Tu voyais bien ta mère pleurer, ton père se mettre en colère, tu entendais claquer les portes à leur retour, et leurs ricanements dans les couloirs. Et ils passaient devant toi, goguenards et veules, sentant le vin.

ANTIGONE. Une fois, je m'étais cachée derrière une porte, c'était le matin, nous venions de nous lever, et eux, ils rentraient. Polynice m'a vue, il était tout pâle, les yeux brillants et si beau dans son vêtement du soir! Il m'a dit: «Tiens, tu es là, toi?» Et il m'a donné une grande fleur de papier qu'il avait rapportée de sa nuit.

CRÉON. Et tu l'as conservée, n'est-ce pas, cette fleur? Et hier, avant de t'en aller, tu as ouvert ton tiroir et tu l'as regardée, longtemps, pour te donner du courage?

ANTIGONE, *tressaille*. Qui vous a dit cela?

CRÉON. Pauvre Antigone, avec ta fleur de cotillon! Sais-tu qui était ton frère?

ANTIGONE. Je savais que vous me diriez du mal de lui en tout cas!

CRÉON. Un petit fêtard imbécile, un petit carnassier dur et sans âme, une petite brute tout juste bonne à aller plus vite que les autres avec ses voitures, à dépenser plus d'argent dans les bars. Une fois, j'étais là, ton père venait de lui refuser une grosse somme qu'il avait perdue au jeu; il est devenu tout pâle et il a levé le poing en criant un mot ignoble!

ANTIGONE. Ce n'est pas vrai!

CRÉON. Son poing de brute à toute volée dans le visage de ton père! C'était pitoyable. Ton père était assis à sa table, la tête dans ses mains. Il saignait du nez. Il pleurait. Et, dans un coin du bureau, Polynice, ricanant, qui allumait une cigarette.

ANTIGONE, *supplie presque maintenant*. Ce n'est pas vrai!

CRÉON. Rappelle-toi, tu avais douze ans. Vous ne l'avez pas revu pendant longtemps. C'est vrai, cela?

ANTIGONE, *sourdement*. Oui, c'est vrai.

CRÉON. C'était après cette dispute. Ton père n'a pas voulu le faire juger. Il s'est engagé dans l'armée argyenne. Et, dès qu'il a été chez les Argyens, la chasse à l'homme a commencé contre ton père, contre ce vieil homme qui ne se décidait pas à mourir, à lâcher son royaume. Les attentats se succédaient et les tueurs que nous prenions finissaient toujours par avouer qu'ils avaient reçu de l'argent de lui. Pas seulement de lui, d'ailleurs. Car c'est cela que je veux que tu saches, les coulisses de ce drame où tu brûles de jouer un rôle, la cuisine. J'ai fait faire hier des funérailles grandioses à Étéocle. Étéocle est un héros et un saint pour Thèbes maintenant. Tout le peuple était là. Les enfants des écoles ont donné tous les sous de leur tirelire pour la couronne; des vieillards, faussement émus, ont magnifié, avec des trémolos dans la voix, le bon frère, le fils fidèle d'Œdipe, le prince loyal. Moi aussi, j'ai fait un discours. Et tous les prêtres de Thèbes au grand complet, avec la tête de circonstance. Et les honneurs militaires ... Il fallait bien. Tu penses que je ne pouvais tout de même pas m'offrir le luxe d'une crapule dans les deux camps. Mais je vais te dire quelque chose, à toi, quelque chose que je sais seul, quelque chose d'effroyable: Étéocle, ce prix de vertu, ne valait pas plus cher que Polynice. Le bon fils avait essayé, lui aussi, de faire assassiner son père, le prince loyal avait décidé, lui aussi, de vendre Thèbes au plus offrant. Oui, crois-tu que c'est drôle? Cette trahison pour laquelle le corps de Polynice est en train de pourrir au soleil, j'ai la preuve maintenant qu'Étéocle, qui dort dans son tombeau de marbre, se préparait, lui aussi, à la commettre. C'est un hasard si Polynice a réussi son coup avant lui. Nous avions affaire à deux larrons en foire qui se trompaient l'un l'autre en nous trompant et qui se sont égorgés comme deux petits voyous qu'ils étaient, pour un règlement de comptes ... Seulement, il s'est trouvé que j'ai eu besoin de faire un héros de l'un d'eux. Alors, j'ai fait rechercher leurs cadavres au milieu des autres. On les a retrouvés embrassés — pour la première fois de leur vie sans doute. Ils s'étaient embrochés mutuellement, et puis la charge de la cavalerie argyenne leur avait passé dessus. Ils étaient en bouillie, Antigone, méconnaissables. J'ai fait ramasser un des corps, le moins abîmé des deux, pour mes funérailles nationales, et j'ai donné l'ordre de laisser pourrir l'autre où il était. Je ne sais même pas lequel. Et je t'assure que cela m'est égal.

*Il y a un long silence, ils ne bougent pas, sans se regarder, puis Antigone dit doucement:*

ANTIGONE. Pourquoi m'avez-vous raconté cela?

*Créon se lève, remet sa veste.*

CRÉON. Valait-il mieux te laisser mourir dans cette pauvre histoire?

ANTIGONE. Peut-être. Moi, je croyais.

*Il y a un silence encore. Créon s'approche d'elle.*

CRÉON. Qu'est-ce que tu vas faire maintenant?

ANTIGONE, *se lève comme une somnambule.* Je vais remonter dans ma chambre.

CRÉON. Ne reste pas trop seule. Va voir Hémon, ce matin. Marie-toi vite.

ANTIGONE, *dans un souffle.* Oui.

CRÉON. Tu as toute ta vie devant toi. Notre discussion était bien oiseuse, je t'assure. Tu as ce trésor, toi, encore.

ANTIGONE. Oui.

sagesse se contenter avec des petites joies
bonheur réduit à des petites joies

CRÉON. Rien d'autre ne compte. Et tu allais le gaspiller! Je te comprends, j'aurais fait comme toi à vingt ans. C'est pour cela que je buvais tes paroles. J'écoutais du fond du temps un petit Créon maigre et pâle comme toi et qui ne pensait qu'à tout donner lui aussi ... Marie-toi vite, Antigone, sois heureuse. La vie n'est pas ce que tu crois. C'est une eau que les jeunes gens laissent couler sans le savoir, entre leurs doigts ouverts. Ferme tes mains, ferme tes mains, vite. Retiens-la. Tu verras, cela deviendra une petite chose dure et simple qu'on grignote, assis au soleil. Ils te diront tous le contraire parce qu'ils ont besoin de ta force et de ton élan. Ne les écoute pas. Ne m'écoute pas quand je ferai mon prochain discours devant le tombeau d'Étéocle. Ce ne sera pas vrai. Rien n'est vrai que ce qu'on ne dit pas. Tu l'apprendras toi aussi, trop tard, la vie c'est un livre qu'on aime, c'est un enfant qui joue à vos pieds, un outil qu'on tient bien dans sa main, un banc pour se reposer le soir devant sa maison. Tu vas me mépriser encore, mais de découvrir cela, tu verras, c'est la consolation dérisoire de vieillir, la vie, ce n'est peut-être tout de même que le bonheur!

ANTIGONE, *murmure, le regard perdu.* Le bonheur ...

CRÉON, *a un peu honte soudain.* Un pauvre mot, hein?

ANTIGONE, *doucement.* Quel sera-t-il, mon bonheur? Quelle femme heureuse deviendra-t-elle, la petite Antigone? Quelles pauvretés faudra-t-il qu'elle fasse elle aussi, jour par jour, pour arracher avec ses dents son petit lambeau de bonheur? Dites, à qui devra-t-elle mentir, à qui sourire, à qui se vendre? Qui devra-t-elle laisser mourir en détournant le regard?

CRÉON, *hausse les épaules.* Tu es folle, tais-toi.

ANTIGONE. Non, je ne me tairai pas! Je veux savoir comment je m'y prendrai, moi aussi, pour être heureuse. Tout de suite, puisque c'est tout de suite qu'il faut choisir. Vous dites que c'est si beau la vie. Je veux savoir comment je m'y prendrai pour vivre.

CRÉON. Tu aimes Hémon?

ANTIGONE. Oui, j'aime Hémon. J'aime un Hémon dur et jeune; un Hémon exigeant et fidèle, comme moi. Mais si votre vie, votre bonheur doivent passer sur lui avec leur usure, si Hémon ne doit plus pâlir quand je pâlis, s'il ne doit plus me croire morte quand je suis en retard de cinq minutes, s'il ne doit plus se sentir seul au monde et me détester quand je ris sans qu'il sache pourquoi, s'il doit devenir près de moi le monsieur Hémon, s'il doit apprendre à dire «oui», lui aussi, alors je n'aime plus Hémon!

CRÉON. Tu ne sais plus ce que tu dis. Tais-toi!

ANTIGONE. Si, je sais ce que je dis, mais c'est vous qui ne m'entendez plus. Je vous parle de trop loin maintenant, d'un royaume où vous ne pouvez plus entrer avec vos rides, votre sagesse, votre ventre. (*Elle rit.*) Ah! je ris, Créon, je ris parce que je te vois à quinze ans, tout d'un coup! C'est le même air d'impuissance et de croire qu'on peut tout. La vie t'a seulement ajouté tous ces petits plis sur le visage et cette graisse autour de toi.

CRÉON, *la secoue.* Te tairas-tu, enfin?

ANTIGONE. Pourquoi veux-tu me faire taire? Parce que tu sais que j'ai raison? Tu crois que je ne lis pas dans tes yeux que tu le sais? Tu sais que j'ai raison, mais tu ne l'avoueras jamais parce que tu es en train de défendre ton bonheur en ce moment comme un os.

CRÉON. Le tien et le mien, oui, imbécile!

ANTIGONE. Vous me dégoûtez tous avec votre bonheur! Avec votre vie qu'il faut aimer coûte que coûte. On dirait des chiens qui lèchent tout ce qu'ils trouvent. Et cette petite chance pour tous les jours, si on n'est pas trop exigeant. Moi, je veux tout, tout de suite, — et que ce soit entier — ou alors je refuse! Je ne veux pas être modeste, moi, et me contenter d'un petit morceau si j'ai été bien sage. Je veux être sûre de tout aujourd'hui et que cela soit aussi beau que quand j'étais petite — ou mourir.

CRÉON. Allez, commence, commence, comme ton père!

ANTIGONE. Comme mon père, oui! Nous sommes de ceux qui posent les questions jusqu'au bout. Jusqu'à ce qu'il ne reste vraiment plus la petite chance d'espoir vivante, la plus petite chance d'espoir à étrangler. Nous sommes de ceux qui lui sautent dessus quand ils le rencontrent, votre espoir, votre cher espoir, votre sale espoir!

CRÉON. Tais-toi! Si tu te voyais criant ces mots, tu es laide.

ANTIGONE. Oui, je suis laide! C'est ignoble, n'est-ce pas, ces cris, ces sursauts, cette lutte de chiffonniers. Papa n'est devenu beau qu'après, quand il a été bien sûr, enfin, qu'il avait tué son père, que c'était bien avec sa mère qu'il avait couché, et que rien, plus rien, ne pouvait le sauver. Alors, il s'est calmé tout d'un coup, il a eu comme un sourire, et il est devenu beau. C'était fini. Il n'a plus eu qu'à fermer les yeux pour ne plus vous voir! Ah! vos têtes, vos pauvres têtes de candidats au bonheur! C'est vous qui êtes laids, même les plus beaux. Vous avez tous quelque chose de laid au coin de l'œil ou de la bouche. Tu l'as bien dit tout à l'heure, Créon, la cuisine. Vous avez des têtes de cuisiniers!

CRÉON, *lui broie le bras.* Je t'ordonne de te taire maintenant, tu entends?

ANTIGONE. Tu m'ordonnes, cuisinier? Tu crois que tu peux m'ordonner quelque chose?

CRÉON. L'antichambre est pleine de monde. Tu veux donc te perdre? On va t'entendre.

ANTIGONE. Eh bien, ouvre les portes. Justement, ils vont m'entendre!

CRÉON, *qui essaie de lui fermer la bouche de force.* Vas-tu te taire, enfin, bon Dieu?

ANTIGONE, *se débat.* Allons vite, cuisinier! Appelle tes gardes!

*La porte s'ouvre. Entre Ismène.*

ISMÈNE, *dans un cri.* Antigone!

ANTIGONE. Qu'est-ce que tu veux, toi aussi?

ISMÈNE. Antigone, pardon! Antigone, tu vois, je viens, j'ai du courage. J'irai maintenant avec toi.

ANTIGONE. Où iras-tu avec moi?

ISMÈNE. Si vous la faites mourir, il faudra me faire mourir avec elle!

ANTIGONE. Ah! non. Pas maintenant. Pas toi! C'est moi, c'est moi seule. Tu ne te figures pas que tu vas venir mourir avec moi maintenant. Ce serait trop facile!

ISMÈNE. Je ne veux pas vivre si tu meurs, je ne veux pas rester sans toi!

ANTIGONE. Tu as choisi la vie et moi la mort. Laisse-moi maintenant avec tes jérémiades. Il fallait y aller ce matin, à quatre pattes, dans la nuit. Il fallait aller gratter la terre avec tes ongles pendant qu'ils étaient tout près et te faire empoigner par eux comme une voleuse!

ISMÈNE. Eh bien, j'irai demain!

ANTIGONE. Tu l'entends, Créon? Elle aussi. Qui sait si cela ne va pas prendre à d'autres encore, en m'écoutant? Qu'est-ce que tu attends pour me faire taire, qu'est-ce que tu attends pour appeler tes gardes? Allons, Créon, un peu de courage, ce n'est qu'un mauvais moment à passer. Allons, cuisinier, puisqu'il le faut!

CRÉON, *crie soudain.* Gardes!

*Les gardes apparaissent aussitôt.*

CRÉON. Emmenez-la.

ANTIGONE, *dans un grand cri soulagé.* Enfin, Créon!

*Les gardes se jettent sur elle et l'emmènent. Ismène sort en criant derrière elle.*

ISMÈNE. Antigone! Antigone!

*Créon est resté seul, le chœur entre et va à lui.*

LE CHŒUR. Tu es fou, Créon. Qu'as-tu fait?

CRÉON, *qui regarde au loin devant lui.* Il fallait qu'elle meure.

LE CHŒUR. Ne laisse pas mourir Antigone, Créon! Nous allons tous porter cette plaie au côté, pendant des siècles.

CRÉON. C'est elle qui voulait mourir. Aucun de nous n'était assez fort pour la décider à vivre. Je le comprends maintenant, Antigone était faite pour être morte. Elle-même ne le savait peut-être pas, mais Polynice n'était qu'un prétexte. Quand elle a dû y renoncer, elle a trouvé autre chose tout de suite. Ce qui importait pour elle, c'était de refuser et de mourir.

LE CHŒUR. C'est une enfant, Créon.

CRÉON. Que veux-tu que je fasse pour elle ? La condamner à vivre ?

HÉMON, *entre en criant.* Père !

CRÉON, *court à lui, l'embrasse.* Oublie-la, Hémon ; oublie-la, mon petit.

HÉMON. Tu es fou, père. Lâche-moi.

CRÉON, *le tient plus fort.* J'ai tout essayé pour la sauver, Hémon. J'ai tout essayé, je te le jure. Elle ne t'aime pas. Elle aurait pu vivre. Elle a préféré sa folie et la mort.

HÉMON, *crie, tentant de s'arracher à son étreinte.* Mais, père, tu vois bien qu'ils l'emmènent ! Père, ne laisse pas ces hommes l'emmener !

CRÉON. Elle a parlé maintenant. Tout Thèbes sait ce qu'elle a fait. Je suis obligé de la faire mourir.

HÉMON, *s'arrache de ses bras.* Lâche-moi !

*Un silence. Ils sont l'un en face de l'autre. Ils se regardent.*

LE CHŒUR, *s'approche.* Est-ce qu'on ne peut pas imaginer quelque chose, dire qu'elle est folle, l'enfermer ?

CRÉON. Ils diront que ce n'est pas vrai. Que je la sauve parce qu'elle allait être la femme de mon fils. Je ne peux pas.

LE CHŒUR. Est-ce qu'on ne peut pas gagner du temps, la faire fuir demain ?

CRÉON. La foule sait déjà, elle hurle autour du palais. Je ne peux pas.

HÉMON. Père, la foule n'est rien. Tu es le maître.

CRÉON. Je suis le maître avant la loi. Plus après.

HÉMON. Père, je suis ton fils, tu ne peux pas me la laisser prendre.

CRÉON. Si, Hémon. Si, mon petit. Du courage. Antigone ne peut plus vivre. Antigone nous a déjà quittés tous.

HÉMON. Crois-tu que je pourrai vivre, moi, sans elle? Crois-tu que je l'accepterai, votre vie? Et tous les jours, depuis le matin jusqu'au soir, sans elle! Et votre agitation, votre bavardage, votre vide, sans elle.

CRÉON. Il faudra bien que tu acceptes, Hémon. Chacun de nous a un jour, plus ou moins triste, plus ou moins lointain, où il doit enfin accepter d'être un homme. Pour toi, c'est aujourd'hui ... Et te voilà devant moi avec ces larmes au bord de tes yeux et ton cœur qui te fait mal — mon petit garçon, pour la dernière fois ... Quand tu te seras détourné, quand tu auras franchi ce seuil tout à l'heure, ce sera fini.

HÉMON, *recule un peu et dit doucement*. C'est déjà fini.

CRÉON. Ne me juge pas, Hémon. Ne me juge pas, toi aussi.

HÉMON, *le regarde et dit soudain*. Cette grande force et ce courage, ce dieu géant qui m'enlevait dans ses bras et me sauvait des monstres et des ombres, c'était toi? Cette odeur défendue et ce bon pain du soir, sous la lampe, quand tu me montrais des livres dans ton bureau, c'était toi, tu crois?

CRÉON, *humblement*. Oui, Hémon.

HÉMON. Tous ces soins, tout cet orgueil, tous ces livres pleins de héros, c'était donc pour en arriver là? Être un homme, comme tu dis, et trop heureux de vivre?

CRÉON. Oui, Hémon.

HÉMON, *crie soudain comme un enfant, se jetant dans ses bras*. Père, ce n'est pas vrai! Ce n'est pas toi, ce n'est pas aujourd'hui! Nous ne sommes pas tous les deux au pied de ce mur où il faut seulement dire oui. Tu es encore puissant, toi, comme lorsque j'étais petit. Ah! je t'en supplie, père, que je t'admire, que je t'admire encore! Je suis trop seul et le monde est trop nu si je ne peux plus t'admirer.

CRÉON, *le détache de lui.* On est tout seul, Hémon. Le monde est nu. Et tu m'as admiré trop longtemps. Regarde-moi, c'est cela devenir un homme, voir le visage de son père en face, un jour.

HÉMON, *le regarde, puis recule en criant.* Antigone! Antigone! Au secours!

*Il est sorti en courant.*

LE CHŒUR, *va à Créon.* Créon, il est sorti comme un fou.

CRÉON, *qui regarde au loin, droit devant lui, immobile.* Oui. Pauvre petit, il l'aime.

LE CHŒUR. Créon, il faut faire quelque chose.

CRÉON. Je ne peux plus rien.

LE CHŒUR. Il est parti, touché à mort.

CRÉON, *sourdement.* Oui, nous sommes tous touchés à mort.

*Antigone entre dans la pièce, poussée par les gardes qui s'arc-boutent contre la porte, derrière laquelle on devine la foule hurlante.*

LE GARDE. Chef, ils envahissent le palais!

ANTIGONE. Créon, je ne veux plus voir leurs visages, je ne veux plus entendre leurs cris, je ne veux plus voir personne! Tu as ma mort maintenant, c'est assez. Fais que je ne voie plus personne jusqu'à ce que ce soit fini.

CRÉON, *sort en criant aux gardes.* La garde aux portes! Qu'on vide le palais! Reste ici avec elle, toi.

*Les deux autres gardes sortent, suivis par le chœur. Antigone reste seule avec le premier garde. Antigone le regarde.*

ANTIGONE, *dit soudain.* Alors, c'est toi ?

LE GARDE. Qui, moi ?

ANTIGONE. Mon dernier visage d'homme.

LE GARDE. Faut croire.

ANTIGONE. Que je te regarde . . .

LE GARDE, *s'éloigne, gêné.* Ça va.

ANTIGONE. C'est toi qui m'as arrêtée, tout à l'heure ?

LE GARDE. Oui, c'est moi.

ANTIGONE. Tu m'as fait mal. Tu n'avais pas besoin de me faire mal. Est-ce que j'avais l'air de vouloir me sauver ?

LE GARDE. Allez, allez, pas d'histoires! Si ça n'était pas vous, c'était moi qui y passais.

ANTIGONE. Quel âge as-tu ?

LE GARDE. Trente-neuf ans.

ANTIGONE. Tu as des enfants ?

LE GARDE. Oui, deux.

ANTIGONE. Tu les aimes ?

LE GARDE. Cela ne vous regarde pas.

*Il commence à faire les cent pas dans la pièce; pendant un moment, on n'entend plus que le bruit de ses pas.*

ANTIGONE, *demande tout humble.* Il y a longtemps que vous êtes garde ?

LE GARDE. Après la guerre. J'étais sergent. J'ai rengagé.

ANTIGONE. Il faut être sergent pour être garde ?

LE GARDE. En principe, oui. Sergent ou avoir suivi le peloton spécial. Devenu garde, le sergent perd son grade. Un exemple: je rencontre une recrue de l'armée, elle peut ne pas me saluer.

ANTIGONE. Ah oui ?

LE GARDE. Oui. Remarquez que, généralement, elle le fait. La recrue sait que le garde est un gradé. Question solde : on a la solde ordinaire du garde, comme ceux du peloton spécial, et, pendant six mois, à titre de gratification, un rappel de supplément de la solde de sergent. Seulement, comme garde, on a d'autres avantages. Logement, chauffage, allocations. Finalement, le garde marié avec deux enfants arrive à se faire plus que le sergent de l'active.

ANTIGONE. Ah oui ?

LE GARDE. Oui. C'est ce qui vous explique la rivalité entre le garde et le sergent. Vous avez peut-être pu remarquer que le sergent affecte de mépriser le garde. Leur grand argument, c'est l'avancement. D'un sens, c'est juste. L'avancement du garde est plus lent et plus difficile que dans l'armée. Mais vous ne devez pas oublier qu'un brigadier des gardes, c'est autre chose qu'un sergent chef.

ANTIGONE, *lui dit soudain.* Écoute ...

LE GARDE. Oui.

ANTIGONE. Je vais mourir tout à l'heure.

*Le garde ne répond pas. Un silence. Il fait les cent pas. Au bout d'un moment, il reprend.*

LE GARDE. D'un autre côté, on a plus de considérations pour le garde que pour le sergent de l'active. Le garde, c'est un soldat, mais c'est presque un fonctionnaire.

ANTIGONE. Tu crois qu'on a mal pour mourir ?

LE GARDE. Je ne peux pas vous dire. Pendant la guerre, ceux qui étaient touchés au ventre, ils avaient mal. Moi, je n'ai jamais été blessé. Et, d'un sens, ça m'a nui pour l'avancement.

ANTIGONE. Comment vont-ils me faire mourir ?

LE GARDE. Je ne sais pas. Je crois que j'ai entendu dire que pour ne pas souiller la ville de votre sang, ils allaient vous murer dans un trou.

ANTIGONE. Vivante ?

LE GARDE. Oui, d'abord.

*Un silence. Le garde se fait une chique.*

ANTIGONE. O tombeau! O lit nuptial! O ma demeure souterraine! ... (*Elle est toute petite au milieu de la grande pièce nue. On dirait qu'elle a un peu froid. Elle s'entoure de ses bras. Elle murmure.*) Toute seule ...

LE GARDE, *qui a fini sa chique.* Aux cavernes de Hadès, aux portes de la ville. En plein soleil. Une drôle de corvée encore pour ceux qui seront de faction. Il avait d'abord été question d'y mettre l'armée. Mais, aux dernières nouvelles, il paraît que c'est encore la garde qui fournira les piquets. Elle a bon dos, la garde! Étonnez-vous après qu'il existe une jalousie entre le garde et le sergent d'active ...

ANTIGONE, *murmure, soudain lasse.* Deux bêtes ...

LE GARDE. Quoi, deux bêtes ?

ANTIGONE. Des bêtes se serreraient l'une contre l'autre pour se faire chaud. Je suis toute seule.

LE GARDE. Si vous avez besoin de quelque chose, c'est différent. Je peux appeler.

ANTIGONE. Non. Je voudrais seulement que tu remettes une lettre à quelqu'un quand je serai morte.

LE GARDE. Comment ça, une lettre ?

ANTIGONE. Une lettre que j'écrirai.

LE GARDE. Ah! ça non! Pas d'histoires! Une lettre! Comme vous y allez, vous! Je risquerais gros, moi, à ce petit jeu-là!

ANTIGONE. Je te donnerai cet anneau si tu acceptes.

LE GARDE. C'est de l'or?

ANTIGONE. Oui. C'est de l'or.

LE GARDE. Vous comprenez, si on me fouille, moi, c'est le conseil de guerre. Ça vous est égal à vous? (*Il regarde encore la bague.*) Ce que je peux, si vous voulez, c'est écrire sur mon carnet ce que vous auriez voulu dire. Après, j'arracherai la page. De mon écriture, ce n'est pas pareil.

ANTIGONE, *a les yeux fermés; elle murmure avec un pauvre rictus.* Ton écriture ... (*Elle a un petit frisson.*) C'est trop laid, tout cela, tout est trop laid.

LE GARDE, *vexé, fait mine de rendre la bague.* Vous savez, si vous ne voulez pas, moi ...

ANTIGONE. Si. Garde la bague et écris. Mais fais vite ... J'ai peur que nous n'ayons plus le temps ... Écris: «Mon chéri ...»

LE GARDE, *qui a pris son carnet et suce sa mine.* C'est pour votre bon ami?

ANTIGONE. Mon chéri, j'ai voulu mourir et tu ne vas peut-être plus m'aimer ...

LE GARDE, *répète lentement de sa grosse voix en écrivant.* «Mon chéri, j'ai voulu mourir et tu ne vas peut-être plus m'aimer ...»

ANTIGONE. Et Créon avait raison, c'est terrible, maintenant, à côté de cet homme, je ne sais plus pourquoi je meurs. J'ai peur ...

LE GARDE, *qui peine sur sa dictée.* «Créon avait raison, c'est terrible ...»

ANTIGONE. Oh! Hémon, notre petit garçon. Je le comprends seulement maintenant combien c'était simple de vivre ...

LE GARDE, *s'arrête.* Eh! dites, vous allez trop vite. Comment voulez-vous que j'écrive? Il faut le temps tout de même ...

ANTIGONE. Où en étais-tu?

LE GARDE, *se relit.* «C'est terrible maintenant à côté de cet homme ...»

ANTIGONE. Je ne sais plus pourquoi je meurs.

LE GARDE, *écrit, suçant sa mine.* «Je ne sais plus pourquoi je meurs ...» On ne sait jamais pourquoi on meurt.

ANTIGONE, *continue.* J'ai peur ... (*Elle s'arrête. Elle se dresse soudain.*) Non. Raye tout cela. Il vaut mieux que jamais personne ne sache. C'est comme s'ils devaient me voir nue et me toucher quand je serai morte. Mets seulement: «Pardon.»

LE GARDE. Alors, je raye la fin et je mets pardon à la place?

ANTIGONE. Oui. Pardon, mon chéri. Sans la petite Antigone, vous auriez tous été bien tranquilles. Je t'aime ...

LE GARDE. «Sans la petite Antigone, vous auriez tous été bien tranquilles. Je t'aime ...» C'est tout?

ANTIGONE. Oui, c'est tout.

LE GARDE. C'est une drôle de lettre.

ANTIGONE. Oui, c'est une drôle de lettre.

LE GARDE. Et c'est à qui qu'elle est adressée?

*A ce moment, la porte s'ouvre. Les autres gardes paraissent. Antigone se lève, les regarde, regarde le premier garde qui s'est dressé derrière elle, il empoche la bague et range le carnet, l'air important ... Il voit le regard d'Antigone. Il gueule pour se donner une contenance.*

LE GARDE. Allez! pas d'histoires!

*Antigone a un pauvre sourire. Elle baisse la tête. Elle s'en va sans un mot vers les autres gardes. Ils sortent tous.*

Le Chœur, *entre soudain.* Là! C'est fini pour Antigone. Maintenant, le tour de Créon approche. Il va falloir qu'ils y passent tous.

Le Messager, *fait irruption, criant.* La reine? où est la reine?

Le Chœur. Que lui veux-tu? Qu'as-tu à lui apprendre?

Le Messager. Une terrible nouvelle. On venait de jeter Antigone dans son trou. On n'avait pas encore fini de rouler les derniers blocs de pierre lorsque Créon et tous ceux qui l'entourent entendent des plaintes qui sortent soudain du tombeau. Chacun se tait et écoute, car ce n'est pas la voix d'Antigone. C'est une plainte nouvelle qui sort des profondeurs du trou ... Tous regardent Créon, et lui qui a deviné le premier, lui qui sait déjà avant tous les autres, hurle soudain comme un fou: «Enlevez les pierres! Enlevez les pierres!» Les esclaves se jettent sur les blocs entassés et, parmi eux, le roi suant, dont les mains saignent. Les pierres bougent enfin et le plus mince se glisse dans l'ouverture. Antigone est au fond de la tombe pendue aux fils de sa ceinture, des fils rouges, des fils verts, des fils bleus qui lui font comme un collier d'enfant, et Hémon à genoux qui la tient dans ses bras et gémit, le visage enfoui dans sa robe. On bouge un bloc encore et Créon peut enfin descendre. On voit ses cheveux blancs dans l'ombre, au fond du trou. Il essaie de relever Hémon, il le supplie. Hémon ne l'entend pas. Puis soudain il se dresse, les yeux noirs, et il n'a jamais tant ressemblé au petit garçon d'autrefois, il regarde son père sans rien dire, une minute, et, tout à coup, il lui crache au visage, et tire son épée. Créon a bondi hors de portée. Alors Hémon le regarde avec ses yeux d'enfant, lourds de mépris, et Créon ne peut pas éviter ce regard comme la lame. Hémon regarde ce vieil homme tremblant à l'autre bout de la caverne et, sans rien dire, il se plonge l'épée dans le ventre et il s'étend contre Antigone, l'embrassant dans une immense flaque rouge.

CRÉON, *entre avec son page.* Je les ai fait coucher l'un près de l'autre, enfin! Ils sont lavés, maintenant, reposés. Ils sont seulement un peu pâles, mais si calmes. Deux amants au lendemain de la première nuit. Ils ont fini, eux.

LE CHŒUR. Pas toi, Créon. Il te reste encore quelque chose à apprendre. Eurydice, la reine, ta femme ...

CRÉON. Une bonne femme parlant toujours de son jardin, de ses confitures, de ses tricots, de ses éternels tricots pour les pauvres. C'est drôle comme les pauvres ont éternellement besoin de tricots. On dirait qu'ils n'ont besoin que de tricots ...

LE CHŒUR. Les pauvres de Thèbes auront froid cet hiver, Créon. En apprenant la mort de son fils, la reine a posé ses aiguilles, sagement, après avoir terminé son rang, posément, comme tout ce qu'elle fait, un peu plus tranquillement peut-être que d'habitude. Et puis elle est passée dans sa chambre, sa chambre à l'odeur de lavande, aux petits napperons brodés et aux cadres de peluche, pour s'y couper la gorge, Créon. Elle est étendue maintenant sur un des petits lits jumeaux démodés, à la même place où tu l'as vue jeune fille un soir, et avec le même sourire, à peine un peu plus triste. Et s'il n'y avait pas cette large tache rouge sur les linges autour de son cou, on pourrait croire qu'elle dort.

Créon. Elle aussi. Ils dorment tous. C'est bien. La journée a été rude. (*Un temps. Il dit sourdement.*) Cela doit être bon de dormir.

Le Chœur. Et tu es tout seul maintenant, Créon.

Créon. Tout seul, oui. (*Un silence. Il pose sa main sur l'épaule de son page.*) Petit . . .

Le Page. Monsieur ?

Créon. Je vais te dire à toi. Ils ne savent pas, les autres; on est là, devant l'ouvrage, on ne peut pourtant pas se croiser les bras. Ils disent que c'est une sale besogne, mais si on ne la fait pas, qui la fera ?

Le Page. Je ne sais pas, monsieur.

Créon. Bien sûr, tu ne sais pas. Tu en as de la chance! Ce qu'il faudrait, c'est ne jamais savoir. Il te tarde d'être grand, toi ?

Le Page. Oh oui, monsieur!

Créon. Tu es fou, petit. Il faudrait ne jamais devenir grand. (*L'heure sonne au loin, il murmure.*) Cinq heures. Qu'est-ce que nous avons aujourd'hui à cinq heures ?

Le Page. Conseil, monsieur.

Créon. Eh bien, si nous avons conseil, petit, nous allons y aller.

*Ils sortent, Créon s'appuyant sur le page.*

Le Chœur, *s'avance.* Et voilà. Sans la petite Antigone, c'est vrai, ils auraient tous été bien tranquilles. Mais maintenant, c'est fini. Ils sont tout de même tranquilles. Tous ceux qui avaient à mourir sont morts. Ceux qui croyaient une chose, et puis ceux qui croyaient le contraire — même ceux qui ne croyaient rien et qui se sont trouvés pris dans l'histoire sans y rien comprendre. Morts pareils, tous, bien raides, bien inutiles, bien pourris. Et ceux qui vivent encore vont commencer tout doucement à les oublier et à confondre leurs noms. C'est fini. Antigone est calmée maintenant, nous ne saurons jamais de quelle fièvre. Son devoir lui est remis. Un grand apaisement triste tombe sur Thèbes et sur le palais vide où Créon va commencer à attendre la mort.

*Pendant qu'il parlait, les gardes sont entrés. Ils se sont installés sur un banc, leur litre de rouge à côté d'eux, leur chapeau sur la nuque, et ils ont commencé une partie de cartes.*

LE CHŒUR. Il ne reste plus que les gardes. Eux, tout ça, cela leur est égal; c'est pas leurs oignons. Ils continuent à jouer aux cartes ...

*Le rideau tombe rapidement pendant que les gardes abattent leurs atouts.*